Ernst Pasqué

Die Mühle im Wispertal

Eine komische Oper in drei Akten

Ernst Pasqué

Die Mühle im Wispertal
Eine komische Oper in drei Akten

ISBN/EAN: 9783743385405

Hergestellt in Europa, USA, Kanada, Australien, Japan

Cover: Foto ©Thomas Meinert / pixelio.de

Ernst Pasqué

Die Mühle im Wispertal

Die Mühle im Wisperthal.

Eine komische Oper in drei Acten.

Text nach der dritten Abtheilung der gleichnamigen
Erzählung von **Ernst Pasqué**.

Musik

von

W. Freudenberg.

Darmstadt.
Joh. Conr. Herbert'sche Hofbuchdruckerei (Fr. Herbert).

Personen:

Luise, Freiin von Fürsteneck . . . . Sopran.

Mutter Waltraud, Müllerin im Wisperthal . Alt.

Oberst Reinold, als kurmainzischer Dragoner . I. Bariton.

Marquis Jean de Nivelle, französischer Cornet . Tenor-Buffo.

Mynheer Klaas van der Tromp, holländischer
    Kapitain . . . . II. Bariton.

Junker Silgen von Hamspohn, kurmainzischer
    Vogt in Lorch . . . . I. Baß.

Jost, Wachtmeister der Dragoner . . . . II. Tenor.

Bertold, der Küfer . . . . Bariton.

Mela, Zofe der Freiin . . . . Mezzo-Sopran.

Ein Mettelmönch . . . . II. Baß.

Drei Küfergesellen. Zwei Diener.

Bewohner: Bürger und Handwerker, Frauen, Mädchen und Kinder
von Lorch; Zofen, Lakaien und anderes Gesinde auf Schloß
Fürsteneck; Priester, Mönche und Chorknaben; kurmainzische
Dragoner, Fahnenträger, Pauker und Trompeter; Mohrenpagen.

Rheinische Mädchen mit ihren Burschen: Schiffer, Fischer, Winzer;
Zigeuner. — Ballet.

Die Handlung geht vor: im ersten Act vor einer Mühle im
Wisperthale bei Lorch (am Vormittag); im zweiten Act auf Schloß
Fürsteneck in Lorch, und im Wisperthal bei der Heiligenkreuz-Kapelle
(am Nachmittag und am Abend); im dritten Act in der Mühle
und auf dem Marktplatz vor der Kirche in Lorch (am andern
Morgen).

Zeit: 1715.

Erster Act.

Freier Platz vor einer Mühle im Wisperthal, in der
Nähe von Lorch.

Links*), sich nach dem Hintergrund ziehend, die Mühle, aus
mehreren aneinandergereihten kleinen ländlichen Bauten bestehend,
Strohdächer ꝛc. Thüren und Fenster sind practikabel, desgl. das
Mühlrad und die Wasserrinne, welche aus dem Hintergrunde, zur
Seite links vorkommt. Das Rad steht stille, die Rinne ist trocken.
Vor der Mühle eine alte Linde mit mächtigem Stamm, Steintisch,
Bank und Schemel in deren Nähe. Rechts ein Stall und ein
halbverfallener Backofen von alter Form, mit kurzem Schlot, ebenfalls practikabel. Ein lückenhafter Gartenzaun verbindet diese
Theile mit einem weiten offenen Eingangsthor, das im Hintergrunde die rechte Ecke der Scene abstumpft und als allgemeiner
Eingang dient. Auf dem Prospect: Felsen, Wald. Allerlei Geräthe, zur Mühle und zur Oekonomie dienend, auf der Scene.
Das Ganze stellt sich als eine lange verwahrloste, doch in dieser
ihrer Verwahrlosung malerische Mühle mit ihrer Umgebung dar,
die im Verlauf des ersten Chors wieder in etwas in Ordnung
gebracht werden. Sonniger Morgen.

Scene 1.

Chor: männliche und weibliche Dienerschaft der Freiin;
einige Bewohner von Lorch; Mutter Waltraud; Meta.

Der Chor in buntem Durcheinander ist beschäftigt, Haus und Hof,
Mühle und Rad wieder in Stand zu setzen, indeß Mutter Waltraud
anordnend und antreibend umhergeht. Mädchen putzen die kleinen
runden Fensterscheiben der Mühle, hängen bunte Vorhänge auf.
Männer sitzen auf der Wasserrinne, nageln lockere Bohlen fest (der
Hammerschlag mischt sich dann und wann im Tact in den Chorgesang). Andere schleppen gefüllte Säcke herbei, die sie im Vorgrund (links) wider die Mauer der Mühle lehnen. Mädchen, an

---

*) Anmerkung für die Regie: rechts und links vom Zuschauer aus.

ihrer Spitze Meta, treiben lachend einen Esel in den Stall; Andere
wieder thürmen Holz auf, bringen allerlei nothwendiges Geräthe,
das sie so aufstellen, als hätte es zur Arbeit gedient. Zwei Lakaien
tragen Körbe mit Kleidern in die Mühle. — Ein Bursche sitzt
rittlings auf dem Strohdach und richtet einen ungesunkenen Wetter-
hahn auf der Giebelspitze wieder auf. Wie der Vorhang sich hebt,
ist Alles in vollem Leben, doch ist die Arbeit beinahe gethan.

Chor, Mädchen, in und vor dem Hause.

Rühret die Hände
Und säubert das Haus,
Treibet behende
Jed' Stäubchen hinaus.

Chor, Männer, bei dem Mahlwerk beschäftigt rc.

Sichert dem Wasser
Den treibenden Pfad.
Lustig sich drehe
Das klappernde Rad.

Meta; Mädchen und Bursche, dritte Gruppe, den Mülleresel in
den Stall treibend.

Grauer, sei nicht träge,
Dort hinein, auf Deine Streu!
Oder sind Dir Schläge
Lieber noch als süßes Heu?
Mußt Dich wieder plagen,
Ohne Rast und ohne Ruh',
Säcke schleppen, tragen —
(Langsamer.) Armer Mülleresel, Du!

Waltraud, dazwischen.
Beeilet Euch!

Chor (Alle).
Bald ist's gethan!

Waltraud, die nach dem Thor gegangen.
Luise, mein Kind, höre ich nah'n,
Auch ihre drei Freier. — Hinweg mit Euch!

Chor, der vorgetreten, leise, lichernd, in Gruppen.
Haha! haha! ein lustiger Streich! —

Erfüllt ist der Herrin Verlangen;
Bereit sind Mühle und Haus,
Als Müllerin sie zu empfangen —

Waltraud, sie forttreibend, dann noch mit dem Chor.

Deshalb mit Euch — hinaus!

Chor, leise unter sich.

Schnell weg von hier! — verlaßt den Ort!
Schleichet Euch fort,
Auf stillen Wegen
Dem Heim entgegen!
Husch, husch! husch, husch!
Durch Wald und Busch
Schleichet Euch fort!
Husch, husch! — (rasch) fort, fort! —

Alle haben die Bühne, ganz im Vorgrunde links und rechts, verlassen, von Mutter Waltraud immerfort angetrieben. Diese eilt nun, mit Beginn des neuen Musikstücks, nach dem offenen Thoreingang im Hintergrunde rechts, Luise zu empfangen, die gleich darauf erscheint.

Scene 2.

Mutter Waltraud; Luise, Freiin von Fürsteneck.

Luise ist als Freiin in elegantem Reitkleid der damaligen Epoche gekleidet, auf dem (ungepuderten) Lockenhaar den aufgestülpten mit Federn gezierten Breithut. Rasch und in strahlender Heiterkeit tritt sie auf.

Luise, alle Anordnungen überschauend.

Ah, herrlich! Alles ist bereit!
Das lustige Spiel kann beginnen,
Die Thorheit zu strafen, Dünkel und Neid —
Den Liebsten mir zu gewinnen!

Waltraud, bedächtig.

Ist nicht zu gewagt — nicht grausam Dein Thun?
Bedenke, der heute uns wiederkehrt,
Mein Reinold ist's, mein armer Sohn.

Luise.

Hat seine Treue sich bewährt,
Wird ihm der schönste Lohn!
Nicht grausam ist mein Spiel — o nein! —
(mit schelmischer Heiterkeit)
Nur eine Liebesprobe soll es sein.

Romanze.

1.

Wie damals er mich mußte flieh'n
Und meinen Armen sich entwinden,
Um als Soldat ins Feld zu zieh'n,
Soll heute er mich wiederfinden:
Als Müllerin, sein einfach Lieb,
  Das immer treu ihm blieb!
Nicht ahnet er, welch' seltnes Glück
Mir bald erstand aus einem Grabe:
Der Tod des Vaters gab zurück
Mir Rang und Namen, reiche Habe.
Und was ich heute nenne mein —
  Ihm soll es eigen sein!

Waltraud.

2.

Die Dich geboren, starb in meinen Armen;
Graf Fürsteneck, der sie betrog,
Verstieß ihr Kindlein ohn' Erbarmen:
Ich war es, die Dich auferzog.
Doch sterbend empfand er der Reue Pein
  Und setzte als Erbin Dich ein. —
Mein Reinold, Dein Liebster, ahnet nimmer,
Daß Du eine Freiin wurdest und reich.
Die arme Müllerin liebt er noch immer,
Sein Herz ist an Treue dem Deinen gleich.
Erprobe ihn, ich willige ein,
Die Freude wird um so größer sein.

Luise (zugleich mit Waltraud).

Ob auch das Schicksal mich erhoben,

Ob er gering und arm, ich reich —
Wird seine Treue sich erproben,
Dann sind wir durch die Liebe gleich.
Mein Herz und was ich nenne mein,
Für immer soll ihm eigen sein!

Waltraud.

Doch Deine andern Freier?

Luise, wieder übermüthig.

Die Lästigen, die Kecken!
Hier will ich sie strafen, plagen und necken,
Um dann von allen Dreien,
Für immer mich zu befreien.
Ich sehe sie schon, mit kläglichen Mienen,
Mehlbestaubt, als Knappen mir dienen!
Haha! — Doch still, sie nah'n! — Hinweg!

(Sie eilt in die Mühle; Mutter Waltraud folgt ihr.)

Scene 3.

Marquis Jean de Nivelle; dann Vogt Hilgen von Hamspohn; zuletzt der Kapitain Mynheer Klaas van der Tromp.

Der Marquis, dürre Gestalt, übertrieben elegant gekleidet, eine Narbe quer über das ganze Gesicht, zierlicher Degen, die mit reichen Spitzenmanschetten umgebenen Hände in einem kleinen Muff, der an einem Bande ihm um den Hals hängt, tritt tänzelnd, geziert und siegesgewiß, ganz im Vordergrunde rechts auf.

Der Marquis, sich umsehend.

Hierher 'at sie mick bescieden,
Auf 'eimlickem Weg noch dazu.
Ou suis-je? — ein alter Mühle!
Gemackt su ein Rendezvous.
Ah Louise! quel bonheur for mich!
Dock still! — grand dieu! — was 'ör ick?
Ein' Stimm'! — Ick sein nit allein? —
(sehr rasch) Es kann nur das grobe Hamspohn-Vogt sein.

(Er zieht sich ängstlich zurück.)

Schon während dem Singen des Marquis hat man hinter der Scene ein „Uff!" des Vogts Hilgen von Hamspohn gehört. Nun erscheint er ganz im Vorgrund links; eine große, ziemlich starke Gestalt in mittleren Jahren, mit geröthetem, glattrasirtem Gesicht, in langer gestickter Schooßweste, Bratenrock, Allonge, und hohem spanischen Rohr. Sehr echauffirt tritt er vor, sich durch allerlei Hindernisse, die sich bei der Coulisse befinden, einen Weg bahnend. Der Hitze wegen hat er den Rock ausgezogen, die Allonge abgenommen (vollständige Glatze) und trägt beides auf dem Stock über der Schulter, die Allonge auf dem Stocknopf. Mit der freien Hand trocknet er sich mit einem Tuche den Schweiß ab.

Der Vogt, pustend.

Uff! — uff! — Ich kann nicht mehr!
Warum nur beschied sie — Himmel und Hölle!
Mich über den Berg hierher,
Durch Dick und Dünn — über steinig Gerölle?
(elegisch) Doch Hilgen, frage nicht!
Die wahre Lieb' ist blind,
Wie Amor, das göttliche Kind.
Und blind gehorchen ist deine Pflicht!

(Der Marquis räuspert sich schüchtern, um sich bemerkbar zu machen.)

(Zusammenfahrend) Ich höre lispeln! — Sie wird es sein!
Geschwind in Rock und Perrücke hinein!

Er stülpt sich die Allonge über den Kopf, anfangs verkehrt, so daß die Flügel sein Gesicht bedecken, dann schlüpft er mit größter Behendigkeit in den Bratenrock und wie er sich wendet, erblickt er den Marquis.

Der windige Franzose!
(auf ihn zutretend) Was sucht Ihr hier?

Der Marquis, ängstlich zurückweichend.

Nix! (für sich) Aber das Grobian, das große,
Suckt' Ändel mit mir.

Wie der Vogt, die Hand am Degen, herausfordernd dem sich immer mehr zurückziehenden Marquis gegenübersteht, hört man im Hintergrunde, vor dem Thoreingang, den Gesang des Kapitains Klaas van der Tromp, der gleich darauf eintritt. Er ist klein, rund und schwerfällig; trägt Uniform, hohe Trichterstiefel, Pumphosen, gelbes Koller und einen überlangen spanischen Stoßdegen an einem breiten Bandelier über der Brust. Auf dem Kopfe hat er einen hohen spanischen Hut mit großer rother Feder. Das Koller ist der Hitze wegen nur am Halse zugeknöpft und läßt das aufge-

bauschte Hemd sehen; martialischer, hochhinaufgedrehter Schnurr-
bart, weingeröthetes Gesicht ꝛc.

Der Kapitain, pustend.

Die Hitze! — die Hitze! — die Hitze!!
Van bennen un buiten glüh' ich und schwitze.
Den Scheitel brennt mir der Sonne Glut;
In meinen Adern kocht das Blut;
Der Durst sengt mir die Kehle,
Und Liebe Leib und Seele!
Ich glühe — siede — brate — o Graus!
Das halte ein Anderer aus.
(Sich wendend erblickt er die beiden Andern.)
Ah — blexem! — der Vogt — der Marquis!

Der Marquis, bei Seite; rasch.

Wir sein su Drei? — Ventre-saint-gris!

Der Vogt, fast zugleich mit dem Marquis.

Solch Rendezvous erlebt ich nie!

Alle Drei, bedächtig, ein Jeder für sich.

Was hat das zu bedeuten?
Ich kann es nicht verstehn.

Scene 4.

Vorige; Mutter Waltraud; Luise als Müllerin.

Luise, aus der Mühle tretend.

Heran! es Euch zu deuten!

Die drei Freier, staunend.

Eine Müllerin, reizend und schön!
(Sie erkennend.) Ah! — welch freudiger Schreck:
Die Freiin ist's von Fürsteneck!

Luise.

Den Jugendfreund, der nach Jahren
Mir wiederkehrt,

Als Müllerin will ich empfangen
Am heimischen Herd.
Und Ihr — sollt meine Mühlburschen sein.
Bereit ist Alles — in die Mühle hinein!

Der Marquis, höchst zuvorkommend.

Ein göttlicher Spaß! Ich male Dein Mehl,
Luise! Dein Wunsch sein mir Befehl. (Ab in das Haus.)

Der Vogt, sich sträubend.

Ein Mühlbursch, ich?! Soll wohl zu Hauf
Die Säcke schleppen, Trepp ab, Trepp auf?

Der Kapitain, ebenso.

Ich soll — o, was machst Du aus mir! —
Ein Mehlsack werden aus Liebe zu Dir?!

Luise, sie antreibend.

Wenn Ihr mich liebt, dann rasch, hinein!

Waltraud, bei Seite, für sich.

Wie steht ihr gut
Der Uebermuth!

Der Marquis ist in das Haus gesprungen; der Vogt und der
Kapitain werden von Luise hineingetrieben.

Luise, wieder vortretend, lachend.

Haha! Es ist gelungen!
Nun bin ich wieder Müllerin,
Wie damals! und mit heiterm Sinn
Sei nun ein Lied gesungen! —

Das Lied von der Mühle.

Refrain.

Das Herz gleicht einer Mühle,
Wie die uns ruft: klipp, klapp!
So singt im Drang der Gefühle,
Das Herzchen sein Tick, tack?
Tick, tack! tick, tack, tick, tack!

1.

Wenn sachte die Wasser zergehen,
Ist ruhig der Mühle Gang.
Nur langsam die Räder sich drehen
Und leise nur tönt ihr Gesang.

Wenn Liebe dem Herzen ferne,
Der Rechte nicht kommen will,
Dann leuchten noch frieblich die Sterne
Und hier ist's ruhig und still.

(Während der folgenden zweiten Strophe kommen zuerst der
Marquis, dann der Vogt, zuletzt der Kapitain, aus dem Hause;
Ersterer und Letzterer als Müllerburschen, mehlbestäubt, der Vogt
als Knecht mit Schürze und Zipfelmütze ꝛc. Sie horchen dem
Gesange und stimmen später in den Refrain mit ein.

2.

Doch stürzen die Wasser brausend
Vom Wehr auf die Räder hinab,
Dann dreh'n sie im Wirbel sich sausend
Und mächtig ertönt ihr Klipp, Klapp!

Zieht wahre, feurige Liebe
In's Herz ein, mit all' ihrer Lust,
Dann hemmen nicht Schranken die Triebe
Und heiß pocht das Herz in der Brust.

Das Herz gleicht einer Mühle,
Wie die uns ruft: klipp, klapp!
So singt im Sturm der Gefühle,
Das Herz nun sein Tick, tack!

(Leidenschaftlich.)
Tick, tack! Tick, tack, tick, tack! — — tick, tack!

Die drei Freier, vortretend.

Bravo! bravo!

Der Marquis.

Ein' Müllerin comme-il-faut!

Luise und Waltraud sie erblickend, brechen in Lachen aus.

— 14 —

Luise.

Wie seid Ihr so prächtig
Und schmuck anzusehn!
Wie steht Euch die Jacke,
Der Mehlstaub so schön!
Wie sieht man den Müller,
Den flinken Euch an!
Als ob Ihr im Leben
Nie And'res gethan.

Doch nun in die Mühle;
Die Schleuse empor!
Dem rauschenden Wasser
Erschließet das Thor;
Daß lustig im Tacte
Die Räder sich dreh'n.
Die Müllerin will es —
Rasch muß es gescheh'n!

Die drei Freier.

Muß dreh'n mich und wenden,
Wie ihr es gefällt;
Der Zauber der Liebe
In Banden uns hält.
Gleichviel ob sie heute
Als Müller mich quält, —
Wenn sie mich nur morgen
Zum Liebsten erwählt!

Waltraud.

Sie müssen sich drehen,
Wie ihr es gefällt;
Der Zauber der Liebe
In Banden sie hält.
Doch wenn sie die Thoren
Verlockend auch quält —
Schon längst hat ihr Herz sich
Den Liebsten erwählt.

Am Schluß des Ensembles treibt Luise die Drei jetzt in die Mühle;
sie selbst und Waltraud gehen ab in's Haus.

Scene 5.

Reinold, als Dragoner; dann Luise und Mutter
Waltraud.

Die Scene bleibt einige Augenblicke leer; die Musik schildert, be-
gleitet die folgenden Vorgänge. — Nach einer Weile beginnt das
Wasser rauschend aus der Rinne auf die Schaufeln des Rades zu
fallen und letzteres dreht sich, während in der Mühle ein leises
rhythmisches Klappern hörbar wird. — Draußen vor dem Thor
erscheint ein Bettler, der vorsichtig in den Hof der Mühle späht.
Er trägt die Uniform eines kurmainzischen Dragoners, darüber
einen langen, grauen und am untern Rande stark zerrissenen Hirten-
mantel, der ihn einhüllt. Auf dem Kopfe hat er einen breiten
Schlapphut, der sein Antlitz beschattet, und in der Hand einen
langen Knotenstock. Singend, langsam und gebückt, sich auf seinen
Stab stützend, dabei immerfort umherspähend, betritt er den Hof
der Mühle.

Reinold.

Bettlerlied.

1.

Hört Leute meine Klagen
Und lindert bittre Noth!
In meinen alten Tagen
Fehlt mir ein Stückchen Brod.
Erbarmen habt,
Die glücklich Ihr und reich.
Den Armen labt!
Der Himmel lohnt es Euch.

(Einen Augenblick horcht er, dann, da Alles stille bleibt, lüftet er
den Hut und tritt hastig vor.)

(Mit natürlicher Stimme.) Ich bin daheim!
O poche nicht zu laut mein Herz. —
Die Mühle dort — das stille Haus,
Wo mir die Jugend froh entschwand,
Ich seh' sie wieder! — Seid gegrüßt!
Auch Ihr, die ich im Schlachtgewühl,
In meinem Glücke nicht vergaß:
Luise! — und Du, lieb' Mütterlein! —

Gewalt riß mich von ihrer Seite.
Ein armer Reiter zog ich in die Weite,
An Gold und Ehren reich
Kehr' ich zurück.
Doch nicht sogleich
Erfahren sie mein Glück:
Wie ich gesiegt in manchem Gefecht,
Verjagt der Feinde Horden;
Wie aus dem armen Müllerknecht
Ein Oberst — ein Freiherr geworden! —
Wie ich von ihnen mußte geh'n,
So sollen sie mich wiederseh'n. —
Man kommt! — Sie ist es!
O halte fest, mein Herz!

Er zieht den Hut herab, nimmt seine frühere Haltung wieder an und beginnt seinen Gesang. Luise tritt aus dem Hause.

Reinold.

2.

Der Krieg fraß meine Habe,
Ich sah sie untergeh'n.
O laßt um eine Labe
Mich nicht vergebens fleh'n!
   Erbarmen habt,
Die glücklich Ihr und reich.
   Den Armen labt!
Der Himmel lohnt es Euch.

Luise, *dazwischen.*

Ein armer Mann! — Setzet Euch!
Ich bringe Wein und Brod sogleich.
(Sie geht an ihm vorüber wieder in das Haus.)

Waltraud, *die ebenfalls vorgetreten.*

Ein armer Mann! — Doch dieser Blick, der Stimme
(Nach dem Liede, allein.)   Ton?!
O Du mein Gott — er ist's! — Mein Sohn, mein
              lieber Sohn!

Luise hat den Bettler wohl angesehen, doch nicht erkannt. Wie sie abging trat Waltraud auf, schaute schärfer hin und erkannte

Reinold. Reinold hat Hut, Stock und Mantel abgeworfen und steht nun als einfacher kurmainzischer Dragoner da. Luise stürzt nach den letzten Worten Waltrauds aus der Mühle.

Reinold, in den Armen der Mutter.

Mutter, Mutter! — Luise! —
Ich hab' Euch wieder, dem Himmel Dank!

Waltraud, mit Thränen in der Stimme.

Reinold, Reinold — mein Sohn!

Luise, ihn umarmend.

Reinold! Endlich wieder mein!

Luise und Waltraud, Reinold umfangen haltend.

Ich halte Dich wieder in meinem Arm,
Und presse Dich an mein Herz.
In Freude gewandelt ist Sorg' und Harm,
Vergessen der Trennung Schmerz.
Und weiltest Du Jahre in fremdem Land,
Und tratest als Bettler Du ein:
Das Auge der Liebe hat Dich erkannt,
Und mein bist Du nun, wieder mein!

Reinold.

Ich halte Euch wieder in meinem Arm,
Und presse Euch an mein Herz.
In Freude gekehrt ist Sorge und Harm,
Vorbei der Trennung Schmerz.
Und weilte ich Jahre in fremdem Land,
Trat ich als Bettler hier ein:
Das Auge der Mutter hat mich erkannt,
Und mein seid Ihr nun, wieder mein!

Waltraud, geschäftig.

Nun eil' ich die Freunde zu holen
Und lasse mit Ihr Dich allein.

Mit einem Händedruck nimmt sie Abschied von Reinold und eilt im Hintergrund ab. Aus einer Lucke in der Mühle strecken dann die drei Freier die Köpfe hervor.

Luise, Reinold umarmend.

Mein Reinold!

Die drei Freier, die Umarmung sehend.

Wir sind verrathen — bestohlen!

Es wird der Erwartete sein.   (Sie verschwinden.)

Scene 6.

Luise; Reinold; die drei Freier.

Unbemerkt treten die drei Freier aus der Mühle und dann an
das Paar heran.

Luise und **Reinold,** sich umschlungen haltend.

Vereint sind wir wieder
In Liebesseligkeit!
Vereint nun für immer,
Wie in schöner Jugendzeit.
Durch diesen Kuß — (Der Kapitain, welcher
die Mühlschelle hinter dem Rücken hält, schellt).

Der Vogt, dann die beiden Andern, nacheinander.

Jungfer Müllerin! Jungfer Müllerin! Jungfer Müllerin!

Reinold, Luise loslassend und zurückfahrend.

Alle Teufel! was ist das?

Der Vogt.

Was nun? — Ich wollte fragen —

Der Kapitain, an ihrer andern Seite, klingelnd.

Leer ist das Faß.

Luise, lachend.

Der Rumpf, willst Du wohl sagen!

Der Vogt und der **Kapitain.**

Leer ist der Rumpf, Jungfer Müllerin!

Der Marquis.

Nix Wein (sich verbessernd) nix Weiz', nix Korn sein brinn!
Reinold, der die Drei mit immer größerem Staunen betrachtet,
fährt beim Erscheinen des Marquis zusammen.

Reinold, zu Luise.

Wie, das sind Deine Burschen?
Bei meiner Seele, selt'ne Gesellen!
Der Dicke! — der dürre, häßliche Wicht,
Mit einer Schmarre im Angesicht —
Wie eine ich hieb' dem welschen Cornet
In der Schlacht bei Malplaquet!

Luise.

Erzähle von Dir, von Deinen Thaten.

Reinold.

Was ist da Viel zu berichten?
Ich übte tapfer meine Pflichten,
Schlug mit dem Feinde mich herum
Und blieb was ich war — und nahm's nicht krumm.
Hatte eben kein rechtes Glück.
Mein Kamerad besaß mehr Geschick!
Der hat's, bei Gott! gar weit gebracht:
Zum Wachtmeister, nach der ersten Schlacht;
Nun ist er mein Oberst. — Das war ein Held!
Wie er, schlug Keiner sich im Feld.
Siegreich bestand er manchen Strauß;
Den Feldherrn selbst hieb er heraus,
Aus dichtem Kampfgewühle.
In Feindesreihen hauste er schlimm,
Drum nannte man ihn: den Isegrimm.
Mit ihm zog ich in's rheinische Land,
Denn wisset! Ihn, der Feinde Schreck,
Hat unser Kaiser in Gnaden ernannt
Zum Herrn und Grafen — von Fürsteneck!

Luise; die drei Freier, bestürzt.

Zum Grafen — von Fürsteneck?! —

Reinold, der dies mit Staunen und Mißtrauen bemerkt.

Nun freilich! — Ledig ist das Lehn.
Ein Weib nur soll im Schlosse hausen,
Vom letzten Gebieter als Erbin erseh'n.
Drum will der Kaiser, daß mein Oberst
Das Weibchen freie. — Willigt sie ein,
Wird Gräfin von Fürsteneck sie sein.
Schlägt sie den Oberst Isegrimm aus,
Verliert sie Namen und Lehn, das adlig feste Haus! —

Neue größere Bestürzung bei den Uebrigen, die auf dem Punkte
sind, sich zu verrathen. Reinolds Verdacht steigert sich.

Luise, für sich.

Was ich gehört — ist kaum zu fassen,
  Doch nie soll es gescheh'n!
Den Muth will ich nicht sinken lassen,
  Auch diesen neuen Kampf besteh'n.

Die drei Freier, für sich.

Was ich gehört — ist kaum zu fassen,
  Ein Unheil seh' ich hier ersteh'n.
Das Schloß — den Namen — soll sie lassen?
  Es wär' um sie — um uns gescheh'n.

Reinold, bei Seite, mit scharfen Blicken auf die Andern.

Sie sind bestürzt! die Mienen verneinen
Ihr Reden und Thun, das mich belügt.
Verdächtig will mir Alles scheinen.
Muß wissen, wer hier neckt und trügt.

Luise, hastig zu Reinold tretend, rasch.

Woher weißt Du die wichtige Kunde?

Reinold, lachend.

Aus meines Oberst eignem Munde.
  (Einen großen gesiegelten Brief hervorziehend.)
Und hier, ein kaiserlicher Brief,
Den ich der Freiin bringen soll.

Luise, ihm rasch den Brief aus der Hand nehmend.

Ich nehm' ihn, geb' ihn ab.

Reinold, mit größtem Erstaunen.

Wie — Du?! —

Luise, verlegen.

Nun ja doch — gehöre zum Dienertroß,
(rasch und wieder heiter)
Bin Zofe auf der Herrin Schloß.

Reinold, langgedehnt.

A—ah! —

Luise, ihn vorziehend, heimlich.

Hör' an, mein süßer, mein lieber Freund!
    Hier ist ein schlechter Ort,
Die Herzen kosend in Küssen zu einen.
    Bedenk'! die Burschen dort,
Die Freunde, die grüßend bald erscheinen!
    Heut' Abend im Wisperthal,
Wo wir in Liebe uns gefunden
    Und ach! so manches Mal
Verlebten schöne, selige Stunden:
    Zum trauten Stelldichein,
Bei der verfallenen Kapelle,
    Dein Liebchen harret Dein,
An wohlbekannter, sicherer Stelle!

Reinold, leise.

Im Wisperthal, bei der Kapelle,
An wohlbekannter, sicherer Stelle,
    Da harr'st Du Liebchen mein
    Zum trauten Stelldichein?

Die drei Freier, welche sich horchend näher geschlichen,
leise für sich.

Im Wisperthal, bei der Kapelle,
An wohlbekannter, sicherer Stelle,
    Da harrt die Falsche sein
    Zum trauten Stelldichein!

Luise, wiederholend.

Im Wisperthal, bei der Kapelle,
An wohlbekannter sicherer Stelle,

Da harrt sein's Liebchen Dein
Zu trautem Stelldichein! —
(rasch) Nur laß' mir den Brief!

Reinold, nach einigem Zögern.

Nun denn — es mag sein!

(Wie er sich wendet, sieht er sich den Dreien gegenüber, die sich dicht
an ihn herangeschlichen haben. Wüthend.)

Alle Teufel! Ihr habt uns belauscht!?

(Die Drei stieben entsetzt auseinander. Den Pallasch ziehend.)

Zur Hölle, ihr Wichte,
Ihr Schelmengesichte,
In hurtigem Lauf!
Ihr Faulen, ihr Trägen,
Ich spiele mit Schlägen
Zum Tanze Euch auf!
Nun lustig mir singet,
Und hüpfet und springet
Ueber Stock, über Stein!
Ueber Tische und Stühle!
Hinein in die Mühle,
Ihr Faulen, hinein!

Er haut währenddem mit der flachen Klinge auf die
drei Freier ein, welche wüthend sich retiriren.

Die drei Freier.

Verdammt! Ohne Zweifel,
Es plagt ihn der Teufel
Wohl über Gebühr.
Muß dreh'n mich und winden
Und kann sie nicht finden,
Die bergende Thür.
Doch blutig will rächen
Ich mich an dem Frechen,
Muß ich auch zum Schein
Mich muthig salviren
Und klug retiriren
Zur Mühle hinein!

Luise.

Haha! wie sie fliehen,

Den Kürzeren ziehen,
Trotz eiligem Lauf!
Ihr Faulen und Trägen,
Nun spielt er mit Schlägen
Zum Tanze Euch auf!
Nun müssen sie singen
Und hüpfen und springen
Ueber Stock, über Stein,
Ueber Tische und Stühle,
Zur bergenden Mühle
Im Fluge hinein!

Reinold hat die Drei mit scheinbar wuchtigen Hieben in die Mühle getrieben. Nun kehrt er zu der noch immer lachenden Luise zurück.

Reinold, aufathmend.

Gottlob, sie sind fort — und wir nun allein!

Luise, schelmisch, dann zärtlich.

Noch nicht! — Erst heute Abend werden wir es sein!

Scene 7.

Reinold; Luise; Mutter Waltraud; Jost; Meta; Bertold, der Küfer; Chor: Bürger, Handwerker, Küfer, Frauen, Mädchen, Kinder von Lorch; Rheinische Mädchen mit ihren Burschen (Fischer, Schiffer); Ballet.

In buntem Zuge ziehen die Bewohner von Lorch heran; voraus ein Bursche mit einem bewimpelten Maibaum. Auf einem niedrigen Wägelchen wird von den Küfern ein bekränztes Faß dahergezogen, auf dem Bertold, mit einem großen Humpen in der Hand, rittlings sitzt. Junge Fischer und Fischerinnen mit Netzen, Schiffer und Schifferinnen mit Rudern (Ballet), beschließen den Zug, in dem sich auch Meta und der Wachtmeister Jost befinden. Der Zug umkreist singend die Scene und macht in deren Mitte Halt. Mutter Waltraud hat ihn gleichsam eingeführt, nun eilt sie auf ihren Sohn zu, der seine Rührung kaum zu bemeistern vermag. Luise ist unbemerkt in das Haus geschlüpft, wo sie, in der folgenden Scene und nur dem Publikum sichtbar, hinter dem (nach außen zu) halbgeöffneten Fenster, von der Gardine gedeckt, sichtbar wird.

Allgemeiner Chor.

Herbei! den Freund zu grüßen,

Der langentbehrt,
Nun heimgelehrt.
Ein heller Sang,
Ein frischer Trank
Den Willkomm soll versüßen.
Wenn Schönes auch im Leben
Er sich gewann,
Doch nirgends kann
Es schöner sein
Als hier am Rhein,
Am Rhein mit seinen Reben!
Da glüht im Sonnenscheine,
In treuer Hut
Der Traube Blut:
Vom Himmelszelt
Frau Sonne hält
Die Rebenwacht am Rheine!
Den Becher sollst Du heben.
Und Mann für Mann
Nun stoßet an;
Mit hellem Klang
Stimmt an den Sang:
Das Rheinland, das soll leben!
Der Rhein! der Wein soll leben!

Das Faß ist währenddem in der Mitte der Scene angelangt; der Küfer Bertold ist abgestiegen, hat den Hahn gedreht und seinen Humpen gefüllt. Nun nähert er sich Reinold. Andere Humpen, Becher rc. werden jetzt ebenfalls rasch gefüllt.

Bertold, Reinold zutrinkend.

Aus vollem Faß
Trink' ich Dir zu das edle Naß.
Willkommen sollst Du bei uns sein;
Willkommen am schönen Rhein!

Chor, ihre Becher rc. Reinold entgegenhaltend; Wiederholung.

Willkommen sollst Du bei uns sein!
Willkommen am schönen Rhein!

Reinold, sichtlich ergriffen, den Humpen in der Hand.

Ich grüß' und dank' Euch, Freunde, Brüder!

Das Herz ist voll, das Auge naß. —
Der Heimath, ihrer Kinder und Lieder
Ich nimmer im Leben noch vergaß.
Hoch heb' ich den Becher mit perlendem Wein,
Mein Trinkspruch soll ein dreifacher sein:
    Der Rhein und seine wackern Söhne,
      Seine heitern Liedertöne;
    Der Rhein und seine herrlichen Frauen,
      So lieblich wie nirgends zu schauen;
    Der Rhein und seine goldnen Reben —
      Sie Alle sollen leben!

Chor und **Alle,** die Becher hebend und vortretend; mit Begeisterung.

    Der Rhein und seine goldnen Reben —
      Sie sollen leben — leben! — hoch!

Nun ziehen sich alle zurück, sich in Gruppen im Halbkreise lagernd.
Reinold sitzt mit dem Küfer Bertold und einigen älteren Bürgern
unter der Linde. Mutter Waltraud bedient ihn; Küfer zapfen den
Wein, Mädchen kredenzen ihn aller Orten. Die Fischer und
Schiffer sind rasch vorgetreten, und es beginnt nun das

Ballet,

in Form von heiteren, charakteristischen Tänzen.

Scene 8.

Vorige; Luise in der Mühle, verborgen; dann der
Marquis, der Kapitain, der Vogt, wieder in
ihren ursprünglichen Anzügen.

Nach dem Ballet giebt Reinold dem auf der rechten Seite der
Scene zechenden Wachtmeister Jost einen Wink und tritt dann mit
ihm ganz in den Vordergrund, zu dem folgenden Zwiegespräch.

     Reinold, zu dem Wachtmeister.

He Jost!

   Der Wachtmeister, sich militärisch aufstellend.
     Zu Befehl, Herr Oberst!

     Reinold, befehlend, leise und rasch.

Meine Leute?

Der Wachtmeister.

Campiren am andern Ufer.

Reinold.

So sorge dafür,
Daß morgen das Fähnlein recht zeitig hier.

(Der Wachtmeister zieht sich nach dem Hintergrunde zurück und
entfernt sich dann unbemerkt. Wie Reinold sich nun wendet, erblickt und erkennt er die drei früheren Mühlburschen. Mit einem
Ruf lustigen Erstaunens für sich:)

Ah! die Knappen! Man hat mich irregeführt.
Denen ich mit wuchtigen Hieben
Den Mehlstaub ausgetrieben —
Zu Kavalieren sind sie avancirt!
Haha! (Sich unterbrechend, zu Waltraud) und Luise?

Waltraud, verlegen.

Weilt in der Mühle — den Imbiß zu besorgen.

Reinold, für sich.

Was soll das bedeuten? will es ergründen.
Ich suche Streit, für mein Leben soll sie zittern.
Dann muß des Räthsels Lösung sich finden.

Der Marquis, der übermüthig an ihn herangetreten.

Ohe, Dragon! seh' Er mich an.

Reinold, ironisch.

Ich seh' Euch genau.
Eben noch wie ein Mühlesel grau,
Dünkt Ihr als Kavalier
Nicht schöner mir!

Der Marquis, sich abwendend.

Das Grobian!

Reinold hält ihn zurück, erfaßt ihn bei der Hand und schaut ihm
scharf in's Gesicht. Alle Uebrigen treten nach und nach näher.
Nur der Kapitain und der Vogt, die sich niedergelassen, bleiben
zechend am Tische sitzen, dem Publikum sichtbar und scheinbar über
den Marquis lachend.

Reinold, den Marquis wiedererkennend.

Ihr seid bei Gott der wälsche Cornet,
Dem die Fahne ich nahm bei Malplaquet,
Und den Sold dafür nicht schuldig blieb:
Noch heute zieret Euch mein Hieb. —
    (Gleichsam zu der Menge.)
Das war ein Sieg nach heißer Schlacht!

Der Marquis, hitzig.

Nix Sieg! Wir 'aben das Feind kaput gemacht.

Reinold, lachend.

Das wäre?!

Der Marquis.

Hört an, Dragou,
Will es beweisen in ein Chanson.
(Alle haben sich jetzt um die Hauptgruppe versammelt.)

Lied: „Malbrough s'en-va-t-en guerre."

Der Marquis.

1.

Als wir bei Malplaquet
Malbrough beinah geslagen,
Villars und sein Armee
Sick muthig fort ließ jagen —
Da 'aben wir dennoch ihn besrungen,
In ein Chanson maustodt gesungen.
's war admirable, parole d'honneur!
Der gans Armee, er saug en choeur:
    (In das Volkslied übergehend.)
Malbrough s'en va-t-en guerre.
Mironton, mironton, mirontaine!
Malbrough s'en va-t-en guerre,
Malbrough kommt nit mehr 'eim.

Reinold.

2.

Ihr habt, bei meiner Ehr',
Die Wahrheit nicht gesungen.

Gut schlug sich Villars Heer,
Nur — wurde es bezwungen.
Doch Ihr, zu retten Euer Leben,
Habt feig die Fahne preisgegeben!
Mit Eurer Schmarre im Gesicht,
Floht Ihr dahin, ein armer Wicht! —
Malbrough revient à Pâques
Mironton, mironton, mirontaine!
Malbrough revient à Pâques —
Doch Ihr kamt n i e zurück.

Reinold und **Chor**, höhnend.
Weit davon ist gut vor'm Schuß!

Marquis, wüthend, doch ohne die Hand an den Degen zu legen.
Sein Blut ich 'aben muß!
Nun treten auch der Kapitain, dann der Vogt näher.

Der Kapitain.
3.
Er treibt mit uns wohl Spaß?
Das sei mit Blut gerochen!

Reinold.
Heran! manch' volles Faß
Hab ich schon angestochen.

Der Vogt, wankend.
Dein letztes Stündlein hat geschlagen.

Reinold, lachend, seine unsicheren Bewegungen nachahmend.
Es scheint, Ihr könnt nicht viel vertragen.

Der Vogt, immer zorniger.
Der Freche! Mein Degen macht Dich stumm!

Reinold, wie oben.
Euch wirft schon eine Kanne um!
J'l'ai vu porter en terre,
Mironton, mironton, mirontaine!

J'l'ai vu porter en terre,
Von jenem Helden dort.

Reinold und der **Chor**, höhnend.

Doch Malbrough ist noch nicht todt!
Er lebt noch immer, trinkt und singt,
Und lustig Glas und Schwert er schwingt,
Küßt Liebchens Wangen, rosenroth —
Malbrough ist noch nicht todt!

Die drei Freier, wüthend.

Dieser Hohn, er fordert Blut!
Kaum bezähm' ich meine Wuth!
Ich spieß' ihn auf! bohr' ihn in Grund,
Und stopfe ihm den Lästermund!
In Stücke geh' die Höllenbrut —
Sein Blut will ich, sein Blut!

Waltraud; Luise (hinter dem Fenster).

Großer Gott! wie wird das enden?
Sie wollen seinen Tod!
Wie kann ich das Schicksal wenden,
Das grausam ihn bedroht?

Der Marquis hat endlich seinen kleinen Degen gezogen.

Reinold, ihm denselben sofort aus der Hand schlagend.

Nimm das!

Der Marquis, aufschreiend.

Aïe! mein Arm sein kaput!

Er flüchtet, seinen Arm haltend. Reinold verfolgt ihn. Der
Kapitain zieht; der Vogt versucht es wankend.

Reinold, dem Marquis mit der flachen Klinge über den Rücken
hauend.

Und das für Deinen Marlborough!

Der Marquis, wie oben.

Aïe! mein armes Ruck! (flüchtend erreicht er den Backofen, in den er sich versteckt.)

Der Kapitain, währenddem mit dem Degen in der Hand
vortretend.

Verräther, stirb! — Ah! — — Ah! ich bin todt!

Reinold hat, sich wendend, einen blinden Hieb nach ihm geführt
und der Kapitain fällt wie eine schwere Masse, scheinbar leblos zu
Boden. Starres Entsetzen Aller.

Chor; der Vogt; Waltraud; Luise (hinter dem Fenster).

Todt! — Er ist todt! — Großer Gott!

Reinold, bei Seite.

Sie weiß mich bedroht und zeigt sich noch nicht?
Nun muß ich das Spiel zu Ende führen.

Der Vogt, welcher endlich seinen Anflug von Trunkenheit besiegt,
nach vieler Mühe seinen Degen gezogen hat, tritt nun mit mög-
lichstem Ernst vor. Reinold steckt den Pallasch ein und scheint
gelassen das Kommende erwarten zu wollen.

Der Vogt.

Ergreifet ihn! bindet den Mörder, den Frechen!
Das Halsgericht wird sein Urtheil sprechen.
Den Todten aber bahret auf!

Waltraud, sich ihm zu Füßen werfend; einige Frauen.

Gnade! Gnade!

Der Vogt, unerbittlich.

Das Recht hat seinen Lauf,
Am höchsten Galgen hängt man ihn auf!

Luise stößt hinter dem Fenster einen leisen Wehschrei aus und verschwindet. Waltraud hat's gehört und nach einem Zaudern in
tödtlicher Angst, eilt sie in die Mühle, wo sich gleich darauf das
Fenster schließt. — Einige Männer haben sich Reinold mit Stricken
genähert. Dieser, der unbeweglich dasteht, entreißt ihnen die Stricke
und wirft sie weit weg, sich auch ohne Zwang in seine Wegführung
zu fügen. Das niedrige vierräderige Wägelchen, auf dem das Faß
gelegen, wurde entlastet herbeigeschafft. Während des folgenden
Chors wird der Kapitain auf dasselbe gebettet und dann mit einem
großen Leintuch zugedeckt.

Chor, erste Hälfte, bei Reinold; meistens Männer.

Weh' ihm! der den Kapitain erschlagen!
Nun geht es ihm an Hals und Kragen.

Der Blutrichter wird die Mordthat rächen,
Dem armen Sünder sein Urtheil sprechen.

Chor, zweite Hälfte, bei der vermeintlichen Leiche; meistens
Frauen.

Der mitten im Leben ward erschlagen,
Ihn laßt uns beweinen und beklagen.
Der Herr wird gnädig sein dem Armen
Und seiner Seele sich erbarmen. —

Der Vogt.

Der mitten im Frieden den Edlen erschlagen,
Ihm geht es jetzt an Hals und Kragen.
Der Blutrichter wird sein Urtheil sprechen,
Zu Galgen und Rad verdammen den Frechen!

Der Marquis, aus dem Schornstein des Backofens empor-
tauchend.

'ab kein Courage von unten su fliehn,
Will sackte mick über das Dach verziehn.
(Er sieht den Gefangenen.)
Gefangen das Grobian wird fort gebrackt?
'at das Kapitain maustodt gemackt!

Der Marquis klettert vollends aus dem Schornstein und verschwindet, niedersteigend, rückwärts hinter dem Backofen. Der Theil
des Chors mit dem Gefangenen, den Vogt an der Spitze, hat nach
begonnenem Ensemble den Abgang angetreten. Reinold folgt gut-
willig, nach einem letzten scharfen Blick auf das Fenster der Mühle.
Der Gesang tönt, nun langsam verklingend, hinter der Scene fort.
Wie die zweite Gruppe mit dem Wägelchen und der vermeintlichen
Leiche davonziehen will, schlüpft der Marquis hinter dem Backofen vor.

Der Marquis, hastig, leise.

Halte-là! Wir woll'n bestatten das Kapitain,
Gans lustick — wie Malbrough.

Rasch hat er einer Frau den Degen, einer andern den Hut, der
dritten den großen Krug des Kapitains in die Hand gegeben und
stellen diese drei Frauen mit noch einer vierten sich hinter dem
Wägelchen auf. Nun beginnt der Marquis das Volkslied, in das
dann der Chor mit einstimmt, lustig, oder lamentabel, wie die
Worte es verlangen.

Der Marquis.

Da wir „quatre-z-officiers" nit 'aben,
Vier söne Frauen ihn begraben: —

(Abwechselnd mit dem Chor.)

Die Ein' trug sein Cuirasse,
Mironton, mironton, mirontaine.
Die Ein' trug sein Cuirasse,
Die Zweit sein bouclier. (Chor wiederholt.)
Das Dritt' trug sein grand Sabel
Mironton, mironton, mirontaine
Das Dritt' trug sein grand Sabel
Das Vierte das trug nix! (Wie oben.)
Da sah man seiner Seele,
Mironton, mironton, mirontaine!
Da sah man seiner Seele,
Flog lustig in die Höh'!
Flog lustig in die — Weh! —

Der Zug hatte sich singend in Bewegung gesetzt. Bei der letzten
Textstelle und in der Nähe des Thores angekommen, wirft der
Kapitain plötzlich dem voranschreitenden und dirigirenden Marquis
das Leintuch über den Kopf, springt vom Wagen und läuft pfeil-
schnell davon. Mit einem lauten Schreckensschrei stieben die Weiber,
die Männer nach allen Seiten auseinander, indeß der Marquis
vergebliche Versuche macht, sich von dem Leintuch zu befreien.

Ende des ersten Acts.

Zweiter Act.

Im Schloß Fürsteneck.

Offene Terrasse im Schloß Fürsteneck, etwa zwei Coulissen tief, von drei hohen Rundbogen, auf schlanken Säulen ruhend, gebildet. Niedere Balustrade. Auf dem Prospect weite Fernsicht: im Vorgrund die Dächer, der Kirchthurm von Lorch, dahinter auf dem rechten Ufer der Wisper gedacht, und die rechte Seite füllend, die Höhe, von der sich die Burg Nollich abhebt; links erscheint der Rhein mit den Bergen des andern Ufers und ganz in der Ferne Bacharach. — Auf der Terrasse zu beiden Seiten große gedunkelte Flügelthüren, rechts, auf die Terrasse, links in das Innere des Schlosses führend. Auf der Scene, rechts, zwei hochlehnige Stühle; links ein gleicher Stuhl und ein hoher Sessel mit einem Fußschemel. — Es ist am Nachmittag.

Scene 1.

Luise, in kokettem Zofenkostüm; Meta einfacher gekleidet.

Luise, eintretend von links.

Hier will ich ihn erwarten, in Deinem Gewande,
Den, ohne mein Herz zu fragen, der Kaiser
Als Herrn mir und Gemahl bestimmte:
Den schrecklichen Oberst Isegrimm.

(Meta ist ihr gefolgt; die Toilette ordnend umkreiste sie die Freiin.)

Meta, Luise bewundernd.

Die Zofe wird ihm schöner dünken als die Herrin.

Luise.

Das ist was ich erstrebe.
Die Zofe soll den armen Reinold retten,

3

Die Herrin verscheuchen den unwillkommnen Freier.
Der Vogt? —

Meta.

Weiß Alles und er kommt.

Luise.

So sorge, daß geschieht wie ich's befohlen:
Im Schlosse wandle schnell sich jegliche Gestalt,
Was jung und lebensfroh, sei frömmelnd nun und alt.

(Meta, ab, links.)

(Den Brief emporhaltend.) Ah, kaiserliche Majestät!
Vor der das Knie ich huld'gend senke,
Du willst, daß dies Papier hier lenke
Das Schicksal einer Frau?
Gefehlt! Bist Du auch mächtig — ich bin schlau!
 Schlag' ich den Oberst aus,
 Verlier' ich Lehn und Haus;
 Doch sagt der Freier: nein!
 Bleibt Alles — Alles mein —
Um es mit ihm, den ich liebe zu theilen.
Haha! Herrn Isegrimm will ich heilen!
Dafür ist gesorgt, daß er die Braut,
 Wär' er auch liebestoll,
 Sobald er sie erschaut,
Ganz unausstehlich finden soll!

Scene 2.

Luise; zwei Lakaien; Reinold, als Oberst Isegrimm.

Die beiden Flügeln der Thüre rechts werden zu gleicher Zeit auf-
gestoßen, und zwei Lakaien von langer Gestalt schieben sich zugleich
heraus, stellen sich zu beiden Seiten auf, um nach ihrer Meldung
sich furchtsam hinter den Flügeln der Thüre zu verbergen. Reinold
erscheint als Dragoner-Oberst Isegrimm hastig, mit dem Pallasch
rasselnd. Sein Aeußeres macht ihn vollständig unkenntlich. Er
trägt die grüne Dragoner-Uniform, roth ausgeschlagen, mit
goldnen Litzen, breites Bandelier, hohe Reiterstiefel ꝛc., doch Alles
verblichen und bestaubt, lange graue Allonge, starker grauer Schnurr-
und Knebelbart; eine schwarze Binde verdeckt das eine Auge, das

andere wird durch den dreimal aufgestülpten Breithut beschattet. Luise weicht über die abschreckende Erscheinung des Oberst entsetzt zurück. Reinold erkennt sie staunend.

Die beiden Lakaien, meldend, furchtsam und schnell.

Der kaiserlich geheimbben Kriegskanzlei geheimbder Rath, Dragoner-Oberst, Herr von Isegrimm, er naht! — er naht!
(Nachdem Reinold eingetreten rasch ab.)

Luise, entsetzt, für sich.

Entsetzlich! ein wahrer Isegrimm! —
Wie häßlich, brr! er macht mir Grauen.
Kaum wage ich ihn anzuschauen,
Um meine Sache steht es schlimm.
    Gleichviel!
    Von Neuem beginne
    Das lustige Spiel,
    Daß ich es gewinne!

Reinold, bei Seite, erstaunt.

Die Zofe! — und wiederum Luise!
So hat sie also nicht gelogen —
— Oder mich erst recht betrogen,
Die lose Schelmin, schlau wie Keine!
    Gleichviel!
    Von Neuem beginne
    Das lustige Spiel,
    Daß ich es gewinne!

(Hinter der Scene leises Glockengeläute.)

Reinold, barsch, mit verstellter Stimme.

Zur Freiin führe mich, voran!
(Luise schrickt zusammen.)

Luise, mit ernster Wichtigkeit.

Geduld, Herr Oberst, es geht nicht an.
Hört Ihr der Vesper-Glocke Ton?
(Mit gefalteten Händen.)
Das fromme Fräulein weilet schon
Seit Stunden in der Kapelle.

Reinold, sich schüttelnd, rasch.

Eine Betschwester? Tod und Hölle!

Luise, salbungsvoll.

Nur eine gläub'ge Seele!
Am Morgen sie zur Messe geht,
Zur Vesper dann und zur Complet.
(Es wird ihr immer schwerer, den ernsten Ton festzuhalten und
gegen ihren Willen muß sie lächeln.)
Dazwischen singt sie fromme Lieder,
Zum Heil der sünd'gen Erdenbrüder.

Reinold, der es bemerkt, dicht an sie herantretend.

Du scheinst des Lebens Dich zu freuen,
Und lieber zu tanzen, als Dich zu kasteien.
(Mit rauher Zutraulichkeit:)
Hast wohl im Herzen Platz
Für mehr als einen Schatz?

Luise, rasch.

Ich liebe nur Einen!

Reinold, begehrlicher.

Laß Dich küssen.

Luise, ausweichend.

Und unser Fräulein?

Reinold.

Braucht's nicht zu wissen.

Luise.

Mein Liebster dient in Eurem Regiment.

Reinold.

Der Maleficant, der Reinold sich nennt?

Luise.

Er ist's. O laßt mich nicht verzagen.

Reinold.

Der Fall ist bedenklich, sein Leben bedroht.

Den Kapitain hat er erschlagen,
Und den Marquis verwundet zu Tod.
Morgen — wird er gehängt.

Luise, ernstlich erschrocken.

Gehängt? — Gnade dem Armen!

Reinold.

Hm! Ich will mich seiner erbarmen —
Doch nur wenn Du hübsch artig bist
Und meine bärtige Lippe küßt.

Luise.

Ihr gebt ihn frei?

Reinold.

Begnadige ihn (Luise stößt einen Freudenschrei aus.)
zu Pulver und Blei.

Luise, wankend.

Weh' mir!

Reinold, fängt sie in seinen Armen auf, leiser.

Du kennst im Thale die Kapelle,
    Dort harr' ich am Abend Dein;
    Dort finde Dich heimlich ein
Und frei ist der schlimme Geselle.

Luise, bei Seite, heftig abwehrend.

Nein, nein! (nachsinnend) und dennoch! (wie von einem
        rettenden Gedanken erfaßt.) — Ah!

Reinold.

Nun, willigst Du ein?

Luise, verschämt.

Will Euch — gehorsam sein.

Reinold, zurückfahrend; mit unterdrücktem Zorn, bei Seite.
Ah! die Verrätherin!
(Hinter der Scene neues Glockengeläute, das Folgende bis zum
        Schluß begleitend.)

Luise, bei Seite.

Na warte nur, das sollst Du bereuen!
Er selber zeiget mir
Die Wege hier,
Von ihm mich zu befreien.
Nur daß mein Thun dem Liebsten fromme,
Will ich gehorsam sein
Und willige ein.
Ergebene Dienerin — ich komme!

Reinold, bei Seite.

Kaum zähm' ich mich in meinem Grimme!
Betrügen willst Du mich?
Ich strafe Dich
Dafür, Verrätherin, Du Schlimme!
Nur daß Dein Thun dem Liebsten fromme,
Willst Du gehorsam sein
Zum Stelldichein.
Na warte Falsche nur — ich komme!

(Luise ab, nach links.)

Scene 3.

Reinold; der Vogt.

Reinold.

Was soll ich denken — thun?
Betrügt sie mich wirklich? Spielt sie mit mir,
Wie ich mit ihr? — Ich werd' es erfahren,
Denn einmal muß sie doch sich zeigen,
Die räthselhafte Freiin,
Die mich in Athem hält,
Weit ärger als je ein Feind im Feld.

(Er geht erregt nach links.)

Der Vogt (von rechts eintretend), für sich, selbstgefällig.
Sie rief, und Hilgen ist bereit
Zu neuer Maskerade.
(Sich wendend, erblickt er Reinold.)
Der Oberst!

Reinold, ihn erkennend.

Der Vogt! Nun ist nicht weit
Auch der Marquis, der fade.

Der Vogt, mit ceremoniellen Verbeugungen.

Hab' die Ehre, Excellenz,
Mit der tiefsten Reverenz,
Unterthänigst Euch zu grüßen.
Hilgen legt hier in Person
Und in aller Devotion
Sich zu Euren großen Füßen. —
(Bewundernd die Arme erhebend.)
Sublimer, hochberühmter Mann!
(Bei Seite grimmig.) Kommst mir sehr ungelegen.

Reinold, bei Seite, mit unterdrücktem Zorn.

Treff' ich denn immer das Weinfaß an
Auf allen meinen Wegen?!
(Sich zu ihm wendend.)
Ihr seid der Vogt?

Der Vogt.

In Hilgens Hut
Seid sicher Ihr, ohn' Zweifel.

Reinold.

Nun denn, Herr Hilgen, seid so gut —
Und scheeret Euch zum Teufel!

Der Vogt, zurückfahrend.

Na, das war grob!
Man könnte d'rob
Wohl aus der Haut 'ransfahren.
Ich laß' es sein,
Weil es nicht fein,
Muß das Decorum wahren.
Schön ist er nicht
Von Angesicht,
Doch Held bis in die Sohlen!

Ich staun' ihn an,
Den großen Mann —
Mag ihn der Satan holen!

Reinold, bei Seite.

Sein glatt Gesicht
Und wie er spricht,
Es will mir nicht behagen.
Verdächtig hier
Scheint Alles mir,
Mich treibt es drein zu schlagen.
Doch wenn zum Schutz
Und mir zum Trutz,
Die Freiin ihn befohlen,
Dann seinen Gruß
Ich dulden muß —
Mag ihn der Satan holen.

(Die Marschmusik beginnt.)

Der Vogt, nach links schauend.

Die Freiin naht, mit festlichem Geleit!

Reinold, grimmig aufathmend.

Ah! endlich! Es ist die höchste Zeit!

Scene 4.

Vorige; Chor der Schloßbewohner; dann Luise
als Alte; Meta.

Die Flügelthüre links wird weit geöffnet, vier Lalaien treten ein
und rücken die beiden Stühle rechts weiter in die Scene, desgl.
den Sessel links. Nun erscheint unter einem Marsch der Chor
paarweise in langem Zuge. Zuerst der Sopran: Zofen und
anderes weibliches Hausgesinde, Alle als Alte gekleidet mit langen
kaputzartigen schwarzen Kopftüchern, Gebetbücher in den Händen.
Nun folgt der Tenor als Jäger und Diener in alten Livreen,
dann der Alt, gekleidet wie der Sopran. Zuletzt kommen die Bässe:
zwei Aerzte in langen Talaren, mit hohen spitzen Filzmützen, zwei
Magister in langen Perrücken, ein Alchymist, ein Procurator und
Notarius, Schloßbeamte in barocken Anzügen 2c. Wie Reinold
sie erblickt, wendet er sich schüttelnd von ihnen ab und wirft sich

endlich in den Stuhl, der mehr nach der Mitte der Bühne zu steht! — der Vogt setzt sich gleich auf den andern Stuhl im Vorgrund rechts. Der Zug bewegt sich in steifer Haltung, eine Schlangenlinie beschreibend, um den Sitz des Obersten herum, diesen dabei mit tiefen cermoniellen Verbeugungen (die Frauen mit Knixen), begrüßend. Brummend wendet Reinold ihnen den Rücken. Im Halbkreise stellt der Chor sich auf und nun erscheint Luise, als alte, kokette Betschwester gekleidet, von einigen alten Damen und zwei kleinen, buntangeputzten Mohrenpagen gefolgt. Sie trägt ein bauschiges, großgeblümtes Damastkleid mit langem Schlender, den die beiden schwarzen Pagen gleich einer Schleppe ihr nachtragen. Aus den kurzen Aermeln der Jacke quellen lange Spitzenmanschetten, den Unterarm bedeckend, hervor. Graue Lockenperrücke, hohe bebänderte Fontange, auf der Nase eine große Eulenbrille mit dunklen Gläsern, in der Hand ein mit Silber beschlagenes Gebetbuch, Schnupftabaksdose 2c. Der Hals und das halbe Gesicht stecken in einer steifen Halskrause. Langsam tritt sie vor, tiefster Knix vor dem Obersten, der sich halb erhebt und nach kurzem Gruß mit einem gelinden Schauder sich abwendet. Dann läßt Luise sich in den Sessel nieder, um den ihr Gefolge von alten Damen und Pagen sich gruppirt. Jetzt erst enden Marsch und Chor.

Reinold, beim Erscheinen des Chors, entsetzt, bei Seite.

Ah! die häßlichen Weiber, die alten!

Der Vogt, ebenso, doch heimlich und kichernd.

Ah! die köstlichen Gestalten!

Chor der Schloßbewohner.

Verlockend ist die Sündenbahn
　　Dem Alter, wie der Jugend.
Doch schwer und mühsam führt hinan
　　Der steile Pfad der Tugend.
Zur Predigt zieh'n wir fröhlich aus,
　　Bedauernd heim wir kehren.
Ach könnten wir Tag ein, Tag aus,
　　Doch immer pred'gen hören!
An solcher Freude habe Theil
　　Und preise sie und lobe!
Zu Deinem und zu unserm Heil,
　　Dein' Seele sie erprobe.
Du tapferer, Du frommer Held!
　　Dich grüßen wir mit Zagen.

Wie Simson einst hast Du im Feld
Des Herrn Feind' erschlagen!
Daß Du zu uns gelenkt die Fahrt,
O möge Dir es frommen!
Wir heißen Dich nach Christenart
Mit zücht'gem Sang willkommen.

Luise (hat sich nach ihrem Kniz in den Sessel niedergelassen).
(Salbungsvoll.) Willkommen Held und mein Befreier!
Wie Kaisers Majestät befahl,
Siehst Du bereit zur Hochzeitsfeier
Das Opferlamm, Dein Ehgemahl. —

Reinold, (noch immer sitzend) ungeduldig unterbrechend.
Ventre-saint-gris! Verdammtes Geplärr!

Chor, entsetzt zurückweichend.
Er flucht! Sei gnädig uns, Gott und Herr!

Luise, sich erhebend, den Chor besänftigend.
Dem Frommen schadet das Fluchen nicht.
Doch ihn zu belehren ist uns're Pflicht.
Die Liebe wird ihn erlösen
Von Allem Bösen. —
(Auf Reinold zutretend, wie früher.)
So nimm mich hin! Dich zu beglücken
Gelobt der Jungfrau Liebesgruß.
Von ihren Lippen magst Du pflücken
Den ersten — zücht'gen Verlobungskuß!

Reinold, aufspringend.
Entsetzlich! — Hinweg, um jeden Preis! —
(Bei Seite.) Sie machte dem Satan die Hölle heiß.

Chor und **Meta,** entsetzt.
Weh', weh'! dem sünd'gen Worte,
Das seiner Lipp' entflossen!
Ihm ist die Himmels-Pforte
Für ewig wohl verschlossen. —
Haha! es ist gelungen,
Die Herrin hat gesiegt.

Held Isegrimm bezwungen,
Der Frauenlist erliegt.

Reinold, vor Luise retirirend.

Hinweg! — Eh' sie mein Ehgemahl,
Will in der Höll' ich brennen.
Hier lerne ich zum ersten Mal
Das blasse Fürchten kennen.
Verliebt und alt — und fromm dazu! —
Ein Andrer mag's ertragen.
Hier würden Eugen und Marlborough
Vereint in die Flucht geschlagen.

Luise, ihm mit ausgebreiteten Armen folgend.

Du fliehst mich, Du, der Helden Zier,
Der nie im Leben geflohen?
So muthig im Felde, so schüchtern hier,
Wo Liebesflammen lohen!
O sage mir, was faßt Dich an,
Warum nur solche Eile?
Du süßer, vielgeliebter Mann,
O weile! — weile! — weile!

Der Vogt, bei Seite, kichernd.

Von hier ist er vertrieben,
Auf Nimmerwiederkehr.
Sein Werben und sein Lieben,
Ich fürchte sie nicht mehr.
Haha! es ist gelungen,
Die Schelmin hat gesiegt.
Herr Isegrimm bezwungen,
Der Frauenlist erliegt.

Während des Ensembles hat Reinold, von Luise verfolgt, einmal die Scene umschritten, am Schlusse ist er wieder bei der Thür rechts angelangt und will hinaus. Hier und bei dem letzten „Weile!" erfaßt Luise, in ihrem Uebermuth die Vorsicht vergessend, ihn am Arm, scheinbar um ihn zurückzuhalten. Da wendet sich Reinold plötzlich und ergrimmt; Luisens Antlitz ist ihm nun ganz nahe und mit einem Blick erkennt er sie. Gewaltsam reißt er sich los.

Reinold, stark, mit grellem, fluchenden Ton.

Mordelement! — genug!

Chor; Luise; der Vogt, nach allen Richtungen wirklich entsetzt zurückstiebend.

> Weh! — welch' greulicher Fluch! —

Reinold, der Luise erkannt hat, für sich, leise.

> A—ah! Entlarvt ist endlich der Trug!

Pause, tiefe Stille, die Musik verstummt. Nach einer Weile wendet sich Reinold hochaufgerichtet und ruhig, als ob nichts Besonderes vorgefallen, zu der noch immer wie erstarrt dastehenden Luise. — Der Chor regt sich nicht.

Reinold, mit barocker Galanterie.

Eure Liebe, hohe Dame, hat mich tief gerührt,
Verjüngt mein altes Herz. Ich nehme sie
Mit Eurer Hand und dankbar an, wie sich's gebührt,
Und beug' in aller Devotion — vor Euch — das Knie.
> (Er will niederknien, vermag es scheinbar nicht.)

Gleichviel! — Dafür soll morgen schon die Hochzeit sein.
> (Mit steifen Schritten langsam ab.)

Der Chor; der Vogt, mit entsetztem Staunen, crescendo.

A—ah! — Gescheitert — so nahe dem Ziel!

Luise, fast ohnmächtig in Meta's Arme sinkend.

Weh' mir! — Das ist zu viel — zu viel! —
> (Sich plötzlich emporrichtend.)

Nein, nein! — Nichts ist verloren, ich gewinne das Spiel!
> (Zu dem Chor.)

Geht, geht! laßt uns allein. (Sie winkt Meta und dem Vogt. Der Chor geht ab.)

Scene 5.

Luise; der Vogt; Meta.

Luise, beide vorziehend, rasch.

Nun hört! (zu Meta.) In meinen Zofenkleidern
Wirst Du zu der Kapelle gehn,
Wo mich Herr Isegrimm erwartet,
Die hier als Zofe er gesehn.
Ich werde in der Nähe sein;

(Zu dem Vogt.) Ihr naht mit Sang und Fackelschein,
Und er ist besiegt, gebunden.
(Zu Meta.) In Deinen Armen wird er gefunden —
Du duldest es, selbst einen Kuß.
Ein solcher Treubruch vor Zeugen muß
Das Wort des Kaisers lösen,
Und mich befrei'n von ihm, dem Häßlichen, dem Bösen!!

Meta.

So wird es geh'n! Ich stell' mich ein,
Und laß' mich küssen — muß es sein.

Der Vogt.

So wird es geh'n! Ich stell' mich ein,
Mit hellem Sang und Fackelschein.

Luise.

Um Deine Sache steht es schlimm,
  Herr Isegrimm! Meta, der Vogt, wiederholend:
       Herr Isegrimm!
Denn bist Du auch im blut'gen Feld
  Ein großer Held, Meta, der Vogt, wie oben:
       Ein großer Held!
Hier wirst Du unterliegen.
  Und eine Frau,
  Die schön und schlau,
Wird lachend Dich besiegen. Meta, der Vogt, Wie-
     derholung: Und eine Frau ꝛc.
  Wenn Dich auch Muth,
  Und heißes Blut
Und viele Narben zieren —
  Schön bist Du nicht
  Von Angesicht,
Ein Frauenherz zu rühren.
Wir weihen gern dem Heldenpreis
  Der Ehrfurcht ernste Triebe.
Der Jugend nur gehört der Preis,
  Der Schönheit und der Liebe! —
Um Deine Sache steht es schlimm ꝛc. Wie oben; im
    Verein mit Meta und dem Vogt.
Dann alle Drei: Luise und Meta Thüre links, der Vogt nach
    rechts rasch ab.

Verwandlung.

Im Wisperthal bei der Heiligenkreuz-Kapelle.

Das Wisperthal, von bewaldeten Bergen rc. eingerahmt, sich in voller Tiefe der Bühne, und practikabel, eine, das Bild abschließende Höhe hinanziehend. Etwa in der Mitte der Scene, freistehend, eine kleine halbverfallene Kapelle mit offenem Eingang. Bor derselben eine alte knorrige Linde mit einer Steinbank. Zu beiden Seiten, im Vorgrund, dann an verschiedenen Stellen der Höhen, Buschwerk und Felsstücke, freistehend, hinter die man sich verbergen, zwischen durch, oder darüber hinaus sich zeigen kann. Die rechte Seite der Bühne muß so eingerichtet sein, daß hinter den practikablen Büschen (angenommen) die Wisper zu fließen scheint. Der Auftritt ist im Vorgrund zu beiden Seiten und über die Höhe im Hintergrund. Abend, dann Mondschein, nur theilweise die Scene erhellend.

Scene 6.

Meta; junge Mädchen. (Frauenchor.)

Meta trägt dasselbe Zofenkostüm wie Luise in der ersten Scene dieses Acts. Mehrere Mädchen sind als Müllerinnen gekleidet, genau so wie Luise im ersten Act. — Die Scene bleibt anfänglich leer, das Orchester schildert die Abendruhe, das Nahen der Nacht in dem einsam stillen und sagenhaft-unheimlichen Thal. — Dann treten die Mädchen langsam, furchtsam, unter Anführung Meta's, im Vorgrund auf.

Chor der Mädchen, leise, furchtsam.

Schon hüllt auf allen Wegen
Uns Abendschatten ein.
Bald wird es hier sich regen,
Unheimlich, im Mondenschein.
Wir hörten oftmals sagen,
Kobolde hausten hier,
Ach, Meta, nur mit Zagen
Und Zittern folgen wir.
Ein sündhaft Abenteuer!
Wie pocht so bang das Herz!
Der Ort ist nicht geheuer
Zu übermüth'gem Scherz.

Meta.

Nur Nixen, nicht Kobolde,
Die treiben hier ihr Wesen.
Nie haben sie zum Opfer
Ein unschuldig Mägdlein erlesen.
Hört an!
Im Lied ich Euch berichte
Die lustige Geistergeschichte. —
Ihr Männer nehmt ein Exempel b'ran!

Chor, wiederholend.

Ihr Männer nehmt ein Exempel b'ran!

Ballade vom Wisperthal.

Meta.

1.

Zur Zeit als man schrieb: „Es war einmal!"
Da zogen drei Bursche in's Wisperthal.

Sie fanden ein hohes Felsenhaus,
Da schauten drei schöne Jungfräulein heraus.

Die riefen: „Bät! bät!" und lachten dazu —
Im Schlosse waren die Burschen im Nu.

Dort fanden in hellerleuchtetem Saal
Die Schönen sie beim üppigen Mahl.

Sie tranken und scherzten die ganze Nacht,
In ihrem Arm sind sie erwacht. —

Solch' Wunder vollbrachte — zu ihrer Qual!
Der lockende Ruf im Wisperthal:
Bät! bät! — bät! bät! — bät! bät!
Chor, den Refrain wiederholend.

Meta.

2.

Doch als sie erwacht — daß Gott sich erbarm'!
Sie hielten drei häßliche Alte im Arm.

Die kicherten höhnisch: „ich liebe Dich!"
„Bät! bät! Geliebter, küsse mich!"

Die Burschen floh'n den gespenstischen Graus,
Doch wußten sie nimmer wo ein, wo aus.

Verschwunden war Alles, durch felsig Gestein
Nur führte ein Weg — in die Wisper hinein.
Und überall rief es: „Ich liebe Dich!"
„Bst! bst! O komm' und küsse mich!" —
O hütet Ihr Männer Euch allzumal,
Vor dem lockenden Ruf im Wisperthal!
Bst! bst! — bst! bst! — bst! bst! —

Chor, den Refrain wiederholend, wie oben.

Meta, nach dem Liede, horchend.

Man naht! Verberget Euch — husch, husch!
Schnell hinter Stein und Busch!

Chor.

Verberget Euch — husch, husch!
Schnell hinter Stein und Busch!

Alle verbergen sich zu beiden Seiten und im Hintergrunde, die als
Müllerinnen gekleideten Mädchen im Vorgrund rechts, eine derselben im Vorgrund links.

Scene 7.

Vorige; der Marquis; der Kapitain; Reinold;
Luise; nach und nach auftretend.

Die Dunkelheit hat zugenommen, nun geht der Mond auf und
erhellt mit seinem bleichen Lichte nur stellenweise die Scene, während
andere Theile in tiefem Dunkel bleiben.

Der Marquis, im Vorgrund auftretend, ängstlich und vorsichtig
sich umsehend.

Hier sein der Rendezvous und (zitternd) — Ah!
Der spuckhafte Kapelle.
Ich zittre — vor Courage nur.
En avant, Jean de Nivelle!

Die Mädchen, verborgen, kichernd und leise.

Bst! bst! — bst! bst! — ich liebe Dich!
Bst! bst! — o komm' und küsse mich!

Der Marquis, der überrascht bald nach rechts, bald nach links
geschaut und gehorcht.

Grand dieu! — Bst! bst! bringt mich in rage,

Es fein verliebte Sachen.

(Ein Mädchen, als Müllerin, erscheint rechts, winkt, ruft: „Bst!
bst!" und verschwindet wieder.)

Die Müllerin, ah! — Nun 'ab ick Courage,
Dem Satan die Cour su macken!

Ein anderes Mädchen, links, erscheint, winkt und ruft: „Bst! bst!"
Der Marquis, der schon auf der rechten Seite war, wendet sich und
erblickt die zweite Müllerin. Mit einem freudigen „Ah!" stürzt
er darauf zu und verschwindet hinter dem Busch. — Kleine Pause.

Der Kapitain, im Vorgrund langsam auftretend, ängstlich
umherschauend.

Hier ist das Rendezvous. — Mir graut!
Kann kaum noch von der Stelle.
Auch spür' ich — eine Gänsehaut.
Pfui, schäm' dich, alter Geselle!

Die Mädchen, verborgen, wie oben.

Bst! bst! — bst! bst! — Ich liebe Dich!
Bst! bst! — o komm' und küsse mich!

Der Kapitain, mit freudigem Erstaunen.

Alle Teufel! Gespenster von Fleisch und Blut?
(lüstern schmunzelnd.)
Die könnten mir schon behagen!

Ein Mädchen, als Müllerin, erscheint links, an anderer Stelle,
winkt, ruft: „Bst! bst!" und verschwindet wieder.)

Die Müllerin, ah! Nun hab' ich Muth
Mich in die Hölle zu wagen!

Dasselbe Spiel wie oben: Sich zeigen, winken und „Bst! bst!"
rufen, nachdem der Kapitain sich nach links gewendet, worauf er
umkehrt, um hinter dem Buschwerk der zweiten Müllerin, rechts,
zu verschwinden. Kleine Pause. Reinold, als Dragoner, einen
Mantel über dem Arm, erscheint singend ganz im Hintergrunde.
Nur langsam tritt er vor, so daß die übrigen Personen ihr Aparte
ungehindert zu singen vermögen.

Reinold, im Hintergrunde, dann vortretend.

Fein's Liebchen komm'! die Nacht ist da
Mit mildem Dämmerscheine,
Zum Stelldichein die Stunde nah' —
O säume nicht, erscheine!

4

(Während dieser Stelle das Aparte der Uebrigen.)
Kein Lüftchen regt sich in dem Thal,
    Still ist es in den Zweigen.
Mein Lied grüßt Dich viel tausendmal,
    Da alle Böglein schweigen.
        (Langsam vortretend.)
Und bringt mein Grüßen bis zu Dir,
    Soll leise es Dir künden,
Daß Du an meinem Herzen hier
    Wirst Lieb' und Treue finden.

Gleich nach den ersten Tönen des Liedes treten im Vorgrund zu beiden Seiten, der Marquis und der Kapitain halb aus ihrem Versteck und horchen erschrocken dem Sang Reinolds, den sie erkennen. Auch von Meta und mehreren Mädchen werden in gleicher Weise die Köpfe sichtbar.

Der Marquis, für sich, in Pausen.

Der Dragon! — find' er mich — sein er capable —
        (Pantomime des Erstechens.)
Nun sein mein Courage auk wieder au diable!
          (Verschwindet.)

Der Kapitain, ebenso.

   (Während der oben bezeichneten Stelle des Lieds.)
Die Stimme! — Es ist der Dragoner, ohn' Zweifel!
Nun ist das Vergnügen — der Muth zum Teufel.
         (Verschwindet.)

Meta und die Mädchen, ebenso. (Nur von einzelnen werden die Köpfe sichtbar.)

Die Stimme! — Reinold ist's — und frei?! —
O weh! nun ist Alles vorbei! —
Zurück in den Busch — geschwinde,
Damit er uns nicht finde!   (Verschwinden wieder.)

Reinold, der während des Nachspiels ganz vorgetreten, umherschauend.

Niemand ist hier?
    (Mit unterdrücktem Lachen.)
Haha! Wenn ich bei zweien Stelldichein
    Die ganze Nacht
Hier harren müßte, einsam und allein? —
Doch nein! Ihr Uebermuth läßt es gescheh'n,

Sie wird in die Falle geh'n.

(Nach dem Vorgrund rechts horchend.)

Horch — man naht! (Die Freiin erkennend.) —
Ah, Luise! gleich ist sie hier.
Na warte, Du Lose! nun ist die Reihe an mir!

(Er tritt rasch in die dunkle Kapelle.)

Luise (als Freiin) in einen Mantel gehüllt, tritt im Vorgrund auf,
von der entgegengesetzten Seite wie die bisher erschienenen Personen.

Luise, sich ängstlich umsehend.

Ich bin zur Stelle. — Niemand hier?
Ich kam zu früh. (Umherschauend.) Unheimlich dünket mir
Der Ort und ängstlich pocht mein Herz.
Wohl allzuweit trieb ich den Scherz?
Nein, nein! ich kann nicht mehr zurück,
Den Schrecklichen besiegt nur List.
Auch bin ich sicher vor Reinolds Blick,
Der morgen frei, für heute noch Gefangner ist.

Reinold, in seinen Mantel gehüllt, in grauer Allonge, Binde auf
einem Auge ꝛc., ist leise aus der Kapelle getreten, Luise beobachtend.
Diese geht vorsichtig nach dem Hintergrunde, sich dort auf der
Bank niederzulassen. Plötzlich tritt Reinold als Oberst vor sie.
Der Mond ist verschwunden. (Nacht.)

Hier will ich Meta erwarten.

(Den Oberst erblickend, wieder aufspringend.)

Ah! der Oberst!

Der Marquis; der Kapitain; Meta; Zofen, auftauchend,
leise, entsetzt, gleichsam als Echo.

Ah! der Oberst! (Verschwinden ebenso rasch wieder.)

Reinold, Luise zurückhaltend, mit der Stimme des Obersten

Nun freilich! — Du selbst hast mir die Stunde genannt,
Zum Rendezvous bei der Kapelle.
Dich warten zu lassen wäre ungalant,
Du siehst, bin pünktlich zur Stelle.

Luise, sich von ihm loszureißen suchend, in steigender Angst.

Aus Mitleid, lasset mich!

Reinold, dringender.

Warum nur sträubst Du Dich?

4*

Die Nacht ist verschwiegen, wir sind allein,
Umringt von Felsen und Wald.
Vorerst ein Küßchen nur. —

Luise.

Nein, nein!

Reinold, mit wildem Drohen.

So nehm' ich's mit Gewalt! — —
(Mit ihr ringend.)
Ich lasse Dich nicht aus meinen Armen,
Du hast es mir angethan.
Was mich erfüllt kennt kein Erbarmen,
Für heute gehörst Du mir an.

Luise, verzweiflungsvoll mit Reinold ringend.

O Du mein Heiland, hab' Erbarmen —
Was hab' ich Unsel'ge gethan!
Befreie mich aus des Rasenden Armen,
O lasse den Retter mir nah'n!

Der Marquis und **der Kapitain,** aus ihrem Versteck vortretend, bei Seite, zitternd.

Das — geht — über den Spaß!
Er ist ein wahrer Satanas.
Mich faßt ein Grauen an.
(Die Degen halb ziehend.)
Ich muß ihr helfen — voran!

Meta und **die Mädchen,** aus ihrem Versteck auftauchend, leise.

O weh! — wie wird das enden? —
Wir sind zu schwach das Unheil zu wenden.

Reinold, gleich nach dem Ensemble mit starker Stimme.

Wer da? — (Die Uebrigen verschwinden wie auf einen
Schlag.)

Reinold hat, zusammenschreckend, die Hand Luisens fahren lassen
und horcht, als ob er Verdächtiges höre. Nun schlüpft er um den
Baum, hinter dem er Perrücke, Binde und Mantel abwirft und
tritt auf der andern Seite als Dragoner hervor. Langsam erscheint
der Mond wieder.

Reinold, mit natürlicher Stimme (so viel als möglich aus dem Hintergrunde).

Fein's Liebchen komm', die Nacht ist nah' —

Luise, mit einem erlösenden Aufschrei fast zugleich mit ihm.

Ah! Reinold! — Mein Retter ist da!
(Sie stürzt ihm entgegen, seinen Hals umklammernd.)

Reinold.

Luise! — Diese Angst? —

Luise, nach der andern Seite des Hintergrunds deutend.

Dein Oberst — dort — dort!

Reinold.

Beruhige Dich! mein Kommen scheucht ihn fort.

Luise.

Doch Du — bist nicht mehr gefangen?

Reinold, lachend.

Haha! Wer kein Verbrechen begangen
Ist frei und nimmer bedroht.
Der Kapitain und der Marquis,
Sie waren nie
Verwundet, oder todt!

Luise.

Ich athme auf!
Die Angst hat nun ein Ende.
Daß Alles sich zum Guten wende,
Nur noch mein Sorgen sei.
Vorbei das tolle Spiel, vorbei!

Reinold, bei Seite.

So leicht gelangst Du nicht an's Ziel,
Ist auch Dein Uebermuth zu Ende.
Daß Alles sich zum Guten wende,
Beginnt für mich ein neues Spiel.

Der Marquis und **der Kapitain,** aus ihrem
Versteck vortretend.

Der Dragoner! — Nun sind es ihrer Zwei.
Ach wäre ich fort und Alles vorbei.

Meta und **die Mädchen,** auftauchend.

Ah, Reinold! — Nun sind Beide bei ihr!
Ach wären wir nur weit von hier.

Die Stimme des Vogts tönt hinter der Coulisse. (Währenddem):

Reinold, aufbrausend.

Noch Einer?! (zu Luise.) Hinweg, er darf uns hier
nicht seh'n.

Luise, für sich, wieder heiter und schelmisch.

Der Vogt! Nun wird's zu Ende geh'n.
Reinold verschwindet mit ihr in der Kapelle.

Der Marquis und **der Kapitain.**

Noch Einer?! — O weh! nun ist's um uns
gescheh'n. (Verschwinden.)

Meta und **die Mädchen.**

Der Vogt! — Nun wird das Spiel zu Ende geh'n.
(Verschwinden.)

Scene 8.

Vorige, verborgen; der Vogt, Lakaien mit Fackeln,
Bürger ꝛc. (Männerchor.) Es wird hell.

Der Vogt, anfangs in der Coulisse.

Halloh! halloh! Mit hellem Sang
Durchschreiten wir die Nacht.
Gar edlem Wild und seltnem Fang
Gilt uns're lust'ge Jagd.
(Auftretend.)
Doch nur wenn der Jäger klug und schlau,
Treibt er den Fuchs aus seinem Bau.

Männerchor, wiederholend.

Doch nur wenn der Jäger fein und schlau,
Treibt er den Fuchs aus seinem Bau!

Der Vogt, sich umschauend.

Wir wären da. — Doch keine Spur
Von unserm Paar. Wo steckt es nur?

Männerchor, umherschauend, schläfrig.

Wo steckt es nur?

Der Vogt, als ob er die größte Ungeduld zu beschwichtigen hätte.

Bezähmt Euch! — vorsichtig, leise!
Ich stöb're sie auf und fange sie
Auf die allerlistigste Weise.
(Mit dem spanischen Rohr auf die Büsche schlagend.)
Heraus, aus dem Busch! (Der Marquis tritt hervor.)
Ah! der Marquis.

Der Chor, die als Müllerinnen gekleideten Mädchen, eine nach
der anderen, hervorziehend.

Die Müllerin! — Noch eine? —
Eine dritte — vierte — fünfte! — und hier —
(Eine von überlanger Gestalt vorziehend.)
Noch eine — ganz kleine!

Ein Theil des Männerchors, auf der andern Seite den
Kapitain heraustreibend.

Der Kapitain! —
Dort folgen die Mädchen, den Kapitain umringend.

Der Vogt.

Der Kapitain — Ah! wie wird mir? —
In einem Mädchenneste!
(Bei Seite, mit schlauem Lächeln.)
Nun kommt das Allerbeste:
Der Oberst mit der Zofe.
(In raschen Sätzen eilt er nach der Kapelle.)
Heraus! heraus aus Eurem Versteck!
(Reinold und Luise treten hervor.)
Ah! — kein Oberst, nur ein Dragoner!
Und hier (Luise den Mantel abnehmend), die Freiin.

Alle, erstaunt.

Die Freiin ist's von Fürsteneck?!

Reinold, der sofort vor Luise zurückgewichen.

(Mit schmerzlichem Erstaunen.)

Du, Luise, Freiin von Fürsteneck?! —

(Ihr abwehrend, da sie zu ihm reden will.)

O lasse mich! —

Wie hast Du lachend mich betrogen,
Da ich vertrauend Dir genaht!
Zu meines Gleichen Dich gelogen —
O herbes Weh! entsetzlicher Verrath!
Mit blutendem Herzen muß ich von Dir geh'n;
Leb' wohl! Leb' wohl, auf Nimmerwiederseh'n!

Luise, sich an ihn klammernd.

O höre mich! Dir gilt mein Lieben!
Und war es auch ein kühner Scherz,
Den leichten Sinnes ich mit Dir getrieben —
Nur Dir allein gehört mein Herz.
O bleibe! und verzeihe was gescheh'n,
Soll ich in Schmerz und Reue — nicht vergeh'n!

Alle Uebrigen.

Zu ernst für Beide endet
Der allzukühne Scherz.
Von ihr, der Freiin, wendet
In Trauer sich sein Herz.
Der Stolz des Armen nimmer
Verzeiht, was ihm gescheh'n.
Für sie, getrennt für immer
Giebt es kein Wiederseh'n!

Reinold, wiederholend.

Wie hast Du lachend mich betrogen ꝛc. ꝛc.

Am Schluß reißt Reinold sich gewaltsam von Luise los und stürzt
scheinbar verzweiflungsvoll nach dem Hintergrunde ab. Luise sinkt
mit einem matten Seufzer in die Arme Meta's und ihrer Frauen,
die sie umringen. Theilnehmend umstehen die Uebrigen die Hauptgruppe.

Rasch fällt der Vorhang.

Ende des zweiten Acts.

Dritter Act.

Einfaches Gelaß in der Mühle. — Kurze Decoration.

Im Hintergrunde die Eingangsthüre; rechts Fenster, links Thüre in das Innere des Hauses führend. Einfache Holzmöbel ꝛc. Spinnrocken ꝛc.

Scene 1.

Mutter Waltraud, am Spinnrocken.

Waltraud, spinnend.

Wie gleichmäßig spinnt
Der Faden sich ab!
(Die Hände in den Schooß sinken lassend.)
Nicht so verrinnt
Das Leben, Geburt und Grab:
Heut' Sonnenschein, dann Sturm und Nacht. —
Wer hätte gestern noch gedacht,
Daß unser Herz, der Freude offen,
Heute zu Tod getroffen?
Du armes Menschenherz, wann findest Du Ruh'? —
Mein Mühlenlied singt mir es zu:

Mühlenlied (des ersten Acts).

3. Strophe.
(Wieder spinnend; einfach.)
Wenn einstens versiegen die Quellen,
Das Bächlein nicht fließen will,
Dann stocken die Räder, die schnellen —
Die Mühle stehet still.

Wenn Liebe gewandelt in Klagen,
Nur Scheiden Erlösung uns zeigt,
Dann mindert das Herz sein Schlagen —
Bis endlich für immer es schweigt.

Das Herz gleicht einer Mühle,
Wie die uns ruft: klipp, klapp!
So singt im Wehmuthsgefühle,
Beim Scheiden das Herz sein Tick, tack!
Tick, tack! tick, tack! tick, tack! — — tick, tack!
(Reinold als Dragoner, tritt ein.

Scene 2.

Waltraud; Reinold.

Waltraud, ihn erblickend, von ihrem Sitz emporfahrend.

Mein armer Sohn! — Erheitre Deinen Blick,
An ihre Liebe glaube, an Dein Glück!

Reinold, sich abwendend.

Vorbei, vorbei! —

Waltraud, dringender.

Nur ihr froher, leichter Sinn
Riß zu gewagtem Spiel die Uebermüth'ge hin.
Verzeihe ihr, was sie bereut! O kehr' zurück
Zu ihr, gieb ihrem Herzen Frieden.

Reinold.

Sie zerstörte unser Glück,
Nun sind für immer wir geschieden.

Waltraud.

Du Grausamer! (für sich.) Sie selbst mag ihre Sache
führen;
Ich sende sie hierher, sein Herz zu rühren. (Ab.)

Scene 3.

Reinold, allein; später Luise.

Reinold.

Romanze.

1.

Nun mag das heitre Spiel, zur ernsten Probe werden;
Heil ihr! wenn eitler Stolz erliegt der strengen Pflicht.
Uns wird der schönste Lohn, ein Paradies auf Erden,
Führt wahre Liebe sie durch Nacht empor zum Licht!
(Luise schreitet an dem Fenster vorüber und tritt während der
zweiten Strophe ein. Reinold sie erblickend): — Sie naht!

2.

So hehr die Seligkeit, durch Liebe uns gegeben,
So herb und tief das Leid, übt Untreu ihre Macht.
Die Welt wird öd' und kalt, zu ew'ger Qual das Leben,
Erbleicht der Liebe Stern — versinkt sein Licht in Nacht!

Luise, noch im Hintergrunde. (Federhut, Mantel mit goldenen
Tressen, goldene Kette.)

Reinold! — Verzeihe! —

Reinold.

Wie darf ich mich beklagen?
Die große Dame hatte ein Recht,
Mit dem Armen zu scherzen, der sich erfrecht,
Zu ihr sein Auge aufzuschlagen!

Luise.

O, wie verkennst Du mich!

Reinold, rascher.

Du ließest an Deine Liebe mich glauben,
Um dann mir auch den letzten Schimmer
Der Hoffnung zu rauben!

Luise.

Dich liebte ich und liebe Dich noch immer.

Reinold.

Mit Andern triebst Du Scherz
Und duldetest ihr Lieben.

Luise.

Der Mund that Unrecht, nicht das Herz,
Das stets Dein eigen geblieben.

Reinold.

Der Wind verweht das flücht'ge Wort. —
Was darf die Freiin dem Müller sein?

Luise.

Ich werfe Rang und Namen fort,
Und werde Dein, für immer Dein.

Reinold.

Das würdest Du thun?

Luise, enthusiastisch.

Noch mehr!
Dem Herzen das liebt, kein Opfer ist zu schwer. —
Was gilt mir Reichthum, Rang und Macht,
Soll Liebe ich entbehren!
Gern opfre ich die eitle Pracht,
Willst Du mir angehören.
Gewinnen laß mich an Deiner Seite,
Was einst wir fanden im Geleite
Der goldnen Jugendzeit:
Liebe! — und Liebesseligkeit!

Reinold, bei Seite.

Nun ist sie mein! Für immer hab'
Ich Stolz und Fehl bezwungen.
Die Liebe, treu bis über's Grab,
Hat höchsten Sieg errungen.
Und wenn auch Kummer sie bedrückte —
Gewonnen ist was uns beglückte
In goldner Jugendzeit:
Liebe! — und Liebesseligkeit!

Luise, den federgeschmückten Hut auf den Tisch legend.

Wie ich den Kopfschmuck niederlege,
(Den Mantel von den Schultern fallen lassend.)
Der Kleidung adelige Zier,
(Eine goldene Kette ablegend.)
Die gleißend goldne Kette hier,
Daß nimmer eitlen Stolz ich hege —
Entsag' ich Allem was ich bin
Und werde, was ich einst gewesen:
Ein einfach — armes Wesen.
So nimm mich hin! (Sie steht nun in einfach dunklem
Gewande da.)
(Reinold an den Hals fliegend.)
Nun bin ich Dein! in Freud' und Leid!
Wie jetzt, in alle Ewigkeit!

Beide, sich umschlungen haltend; höchster Jubel.

Nun bin ich Dein!
Nun bist Du mein! in Freud' und Leid!
Wie jetzt, in alle Ewigkeit! (Mutter Waltraud tritt ein.)

Scene 4.

Vorige; Mutter Waltraud.

Waltraud, zwischen beide tretend.

Dem Himmel Dank, daß Ihr Euch endlich gefunden!

Reinold, Beide vorziehend, rasch.

Nun merket auf! In wenig Stunden,
Segnet der Priester unsern Bund.
Zur Kirche geht, erwartet mich dort.
Ich eile zum Oberst, thu' Alles ihm kund;
Er giebt mich frei, ich habe sein Wort. —
(Langsamer.)
Dann ziehen wir in die Mühle ein,
Und wieder wie früher wird es sein:
Gewinnen sollst Du an meiner Seite,
Was einst wir fanden im Geleite
Der goldnen Jugendzeit:
Liebe! und Liebesseligkeit!

Luise und Waltraud.

Wir kommen! Mir / Ihr wird an Deiner Seite,

Was einst wir fanden / Ihr fandet im Geleite

Der goldnen Jugendzeit:

Liebe! und Liebesseligkeit!

Nach einer letzten Umarmung alle Drei, Reinold im Hintergrunde, Luise von Waltraud geführt, zur Seite ab.

Verwandlung.

Platz vor der Kirche in Lorch.

Im Hintergrunde das weite Portal der Kirche, zu dem eine breite und hohe Freitreppe führt. Die Terrasse vor dem (geschlossenen) Eingang ist überdacht; zur Seite hohe, mächtige Bäume, deren Kronen sich über der alterthümlichen Bedachung wölben. Zu beiden Seiten Häuser in malerischen Holzconstructionen. Links, im Vorgrund, eine Küferei, ihr gegenüber, rechts, ein Weinschank; vor Ersterer ein riesiges Faß, bei dem Bertold der Küfer und noch drei andere Küferburschen beschäftigt sind. Das Ganze ein hübsches altrheinisches Städtebild, noch durch allerlei Volk (stumm) in diskreter Weise als Staffage belebt. — Nachmittag.

Scene 5.

Bertold und drei Küferburschen; der Bettelmönch; dann der Marquis, der Kapitain und der Vogt; Volk (Chor), Zigeuner (Ballet).

Bertold und ein Küferbursche treiben singend die Reifen um das Faß, das sie, dabei im Takte hämmernd, umkreisen. Die beiden andern Burschen sind ebenfalls passend beschäftigt. Der Bettelmönch macht terminirend von Haus zu Haus die Runde und lauert sich endlich im Vorgrund nieder. Aus seinem Sack zieht er eine dickbäuchige Flasche, Wurst, Brod ꝛc. und ein Brevier und beginnt nach Schluß des Küfer-Quartetts zu essen und zu beten. — Die drei Freier kommen währenddem von verschiedenen Seiten und treffen sich bei dem Tische vor der Schänke, wo ein dralles Mädchen die Zechenden bedient. — Im Hintergrunde, zu Seiten der Treppe, lagert eine durchziehende Zigeunerbande (Ballet), mit einem Wägelchen, vor dem ein Esel gespannt ist. Die Zigeunerinnen gehen wahrsagend umher. Die Scene wird überhaupt durch kommendes, gehendes Volk belebt.

Die vier Küfer (mit Begleitung der Schlägel).

Frisch voran, Gesellen,

Treibt die Reifen um das Faß!
Bis die Eichenschwellen
Enggefügt dem goldnen Naß.
Wie der Schlag der Schlägel
Zu dem Lied im Tacte klingt,
Nach der alten Regel:
Froher Sang die Arbeit zwingt.
Schlag auf Schlag! und drauf und dran!
Meßt dem König Wein die Rüstung an!

(Arbeiten geräuschlos weiter.)

Der Bettelmönch, essend und betend.

Lauda Sion —
Das Beten will mir heut nicht schmecken,
Salvatorem —
Es bleibt mir in der Kehle stecken.
Lauda ducem —
Den Augenblick sollst Du benutzen,
Et Pastorem —
Die Widerspänst'ge auszuputzen.
Es hilft, und ist zugleich ein gottgefälliger Genuß —
Te Deum laudamus! (Trinkt.)

Der Kapitain.

Ich habe das Spiel verloren,
Trotzdem ich ihr Herzchen gerührt!

Der Vogt, seufzend.

Für mich war sie nicht geboren!

Der Marquis.

Mick 'at an der Nas' sie geführt.

Der Vogt.

Vermählt wird sie ihm zur Stunde.

Der Marquis.

Der Oberst gewann sie ons ab.

Der Vogt, seufzend.

Wie heil' ich des Herzens Wunde?

Der Kapitain, barsch.

Wir schneiden die Gurgel uns ab!

Der Marquis, den Degen ziehend.

Mit dies werb' ich mir — erschießen!

Der Vogt.

Ich seufze mich todt vor Pein.

Der Kapitain.

Ich will mich ersäufen, und fließen
Soll deßhalb in Strömen der Wein!

Alle Drei, wiederholend, stark.

Um uns zu ersäufen, soll fließen
In Strömen der beste Wein.

Das Scheulmädchen bringt ihnen Wein in Humpen; die Küfer
nehmen die Arbeit wieder auf; der Bettelmönch desgleichen.

Bertold und die drei Küfer, wie früher, dabei auf das
Faß schlagend.

Für den Zecher streiten
Muß der Wein gen Sorg und Pein.
Drum von allen Seiten
Hüllen hiebfest wir ihn ein.
Eins nur ausgenommen:
Offen bleibe ihm der Mund!
Denn was würde frommen
Wohl ein Weinfaß ohne Spund? — (Schlagend.)
Schlag auf Schlag und drauf und dran,
Meßt dem König Wein die Rüstung an!

Der Bettelmönch, wie früher.

Laudis thema —
Mir kann das Thema „Wein" genügen.
Specialis —
Viel besser schmeckt es noch aus Krügen.
Panis vivat —
Der uns ihn gab, ich muß ihn loben,

Et vitalis —
Zu seiner Ehre nochmals proben. (Trinkend.)
Er schmeckt wie einer holdseeligen Jungfrau Kuß! —
Te Deum laudamus!

Der Marquis; der Kapitain; der Vogt.
(Wiederholung.)

Wir haben das Spiel verloren,
Trotzdem wir ihr Herzchen gerührt.
Für uns war sie nicht geboren,
Die uns an der Nase geführt.
Vermählt wird sie zur Stunde
Dem Oberst, er rang sie uns ab.
Wir schneiden, zu heilen die Wunde
Des Herzens, die Gurgel uns ab.
Doch da das Erstechen, Erschießen
Nur Lärm macht und unnöth'ge Pein,
Soll uns zu ersäufen nun fließen
In Strömen der beste Wein! (dabei trinkend rc.)

Scene 6.

Vorige; Volk von Lorch: Männer, Burschen,
Frauen, Mädchen, Kinder; Zigeuner (Ballet);
später Luise und Mutter Waltraud.

Von allen Seiten tritt das Volk, festfreudig erregt, ein — das
Faß wird weggeschafft. Die Häuser beginnen sich zu schmücken mit
Guirlanden, Maien und Fähnlein, desgleichen wird das Portal
der Kirche in ähnlicher Weise geziert. Die Zigeuner mischen sich
unter das singende Volk und nach dem Chor beginnen sie einen
kurzen Tanz. — Wein wird gebracht; zu beiden Seiten auf den
Stufen der Treppe lagern fröhliche Gruppen, anstoßend, trinkend rc.

Allgemeiner Chor.

Herbei, Herbei! die Stund' ist nah'
Der hochzeitlichen Feier.
Heil Ihm und Ihr! die ein Held ersah,
Die Holde im bräutlichen Schleier!
Wir grüßen sie mit Sang und Klang,
Die uns dies Fest bereiten.

5

Der treuen Bürger Lieb' und Dank,
 Durch's Leben sie begleiten.
Schon perlt im Becher hell und klar
 Der Saft der rheinischen Reben.
Stoßt an! trinkt aus! das hohe Paar
 Von Fürsteneck soll leben!

Kurzer Tanz der Zigeuner.

Hierauf Wiederholung des Chors, in den nun ein fröhliches Glockengeläute sich mischt. Währenddem treten im Vorgrund links Waltraud und Luise (diese in ihrem einfachen dunklen Gewande der
ersten Scene des Acts, ohne Kopfputz und Schmuck), auf und be-
merken mit ängstlichem Staunen das fröhliche Treiben.

Allgemeiner Chor. (Wiederholung.)

Herbei, herbei! die Stund' ist da
 Der hochzeitlichen Feier.
Heil Ihm und Ihr! die ein Held ersah,
 Die Holde im bräutlichen Schleier!
Wir grüßen sie mit Jubelsang,
 Die Freuden uns bereiten.
Der treuen Bürger Lieb' und Dank
 Durch's Leben sie geleiten.
Drein klingen Glocken hell und klar,
 Dem Fest die Weihe zu geben.
Und Alles singt: das hohe Paar
 Von Fürsteneck soll leben!

Der Marquis; der Kapitain und der Vogt
(auf der rechten Seite), für sich.

Nun müssen wir bejubeln gar,
 Die eigene Niederlage,
Und rufen: hoch das edle Paar!
 Zuviel des Schimpfs, der Plage.
Doch trösten wir uns; in andrer Gestalt
 Ist uns das Glück gewogen.
Der Graf ist häßlich — brrr! — und alt!
 Haha! Der wird betrogen.

Luise, zu Waltraud, mit ängstlichem Staunen.

Was geht hier vor?
Sie schmücken mit Blumen der Kirche Thor

Und singen von bräutlicher Feier — und Heil
Dem Grafen von Fürsteneck? —
Wo ist Reinold?

Waltraud, die umhergeschaut.

Ich sehe ihn nicht.

Luise.

Wirr wird mein Sinn — in Fieberglut
Pocht mir das Herz, kreis't mir das Blut.
(Trompetenfanfare am Schluß des Chors.)
Der Oberst! — Wie wird das enden!

Scene 7.

Vorige; Dragoner mit Pauker, Trompeter
und Bannerträger (Chor, Statisten).

Von Jost, dem Wachtmeister geführt, mit einem Bannerträger, Trompeter und Pauker an der Spitze, ziehen die Dragoner vom Regiment Kurmainz, mit grünen Maien geschmückt, aus dem Hintergrund links auf die Scene, die sie singend ze. umkreisen und dann
sich aufstellen. (Tisch und Schemel, rechts, wurden abgeräumt.)
Hier, rechts, ganz im Vorgrund, stehen der Vogt, der Kapitain
und der Marquis; links, Luise und Mutter Waltraud.

Chor der Dragoner.

1.

Wie in die Schlacht, zu ernstem Gang,
So ziehen wir mit Sang und Klang
   Dem Spiel und Tanz entgegen.
Und muthig hier und lustig dort,
Ist der Dragoner immerfort
   Der Erste allerwegen.
In seinem Rock mit Gold verschnürt,
Den Hut mit Federn schmuck geziert —
   Wer sagt, daß er ihm gleiche?
Ein schön'res Leben giebt's nicht mehr,
Und Keiner herrlich lebt wie er
   Im heil'gen röm'schen Reiche.

2.

Wie ungeduldig stampft der Huf
Der edlen Rosse, tönt der Ruf
   Der schmetternden Trompeten!
Und sitzen wir auf stolzem Pferd,
Fest in der Faust das blanke Schwert —
   Wer kennt da Sorg' und Nöthen?
Der wackre deutsche Reitersmann,
Mit Ruhm und Ehre angethan,
   Er ist der Herr auf Erden.
Was nur erfreut, das nennt er sein;
Die schönsten Dirnen, Gold und Wein,
   Sein Eigen müssen werden.

Luise, zwischen dem Chor.

Wo ist Reinold? — Ich seh' ihn nicht!

Waltraud, sie beschwichtigend.

Beruhige Dich, er kann nicht ferne sein.

Letzte Scene.

Vorige; Reinold als Oberst und Graf von Fürsteneck;
ein Priester; Mönche, Chorknaben; Edelfrauen
und Offiziere; vier Pagen; Trabanten, Bannerträger und Lakaien.

In ganzer Weite öffnet sich die Thüre der Kirche, deren Inneres
man sieht, sowie den mit brennenden Kerzen umstellten Altar.
Die Orgel ertönt. Die Dragoner haben sich zu beiden Seiten der
Scene, das Volk zurückdrängend, aufgestellt. Luise und Waltraud
nehmen immer noch den Vorgrund links ein; sie stehen so, daß
sie vor dem Volke gedeckt erscheinen. — Aus der Kirche schreiten
Trabanten und Hellebardiere, die sich unten zu beiden Seiten der
Treppe aufstellen, ihnen folgen Mönche mit brennenden Kerzen, die
auf den Stufen Platz nehmen. Nun erscheinen mehrere reichge-
kleidete Edeldamen, denen vier Pagen vorausgehen, die auf sammetnen
Kissen ein funkelndes Grafendiadem, ein Paar gestickte Handschuhe,
eine goldene Kette mit reichem Schmuckstück und einen goldgestickten
verbrämten Sammetmantel tragen. Diese Gruppe stellt sich auf
der Scene, zu beiden Seiten auf. Nun setzen die Trompeter und
Pauker wieder ein, vereinigen sich mit der Orgel, dem Chorgesang

und unter diesen Jubelklängen erscheint Reinold, in seiner wahren
Gestalt und in der reich mit Gold verzierten Uniform, von andern
Offizieren (anderer Regimenter), Standartenträgern ꝛc. gefolgt.
Der Priester, in vollem Ornat, von Mönchen mit brennenden
Kerzen umringt, bildet den Schluß der Gruppe. Reinold bleibt
anfänglich oben auf den Stufen stehen, wie er vortritt, nehmen der
Priester und die Mönche den Platz unter dem Kirchenportal ein.

Allgemeiner Chor (unter Trompeten- und Orgelklängen), wie
Reinold erscheint.

Heil, Heil! Dem Grafen von Fürsteneck, Heil!

Luise, Reinold erkennend, mit einem Aufschrei und vortretend.

Reinold?! — (Vor Erregung droht sie in den Armen Waltrauds zusammenzubrechen.)

Reinold, die Stufen niedersteigend.

Ja, Reinold, Dein Jugendfreund und Dein Geliebter,
Durch Kaisers Gnade Graf von Fürsteneck.
Verzeih', daß ich das Spiel, von Dir begonnen,
Zu Ende führe. — Doch Du hast es gewonnen. —
Wer Alles hin für seine Liebe gab,
Erringt sich Liebe bis über das Grab! —
(Den Pagen winkend.)
Was Demuth opferte als Pfand
Der Lieb' und Treue,
Die Liebe beut durch meine Hand
Es Dir auf's Neue!
(Er hängt ihr dabei die Kette um, setzt ihr das Diadem auf,
während die Edeldamen ihr den Mantel befestigen.)
(Niederkniend.)
Die erste Huldigung, Dein Gatte bringt sie Dir dar!

Alle, jubelnd, die Mützen schwenkend ꝛc.

Heil! Heil! Heil! dem neuen, hohen Paar!

Trompetenfanfaren, Paukenwirbel; die Standarten, Fähnlein und
Banner werden huldigend gesenkt.
Der Vogt, der Kapitain und der Marquis treten schüchtern und
unterwürfig näher, Reinold reicht ihnen freundlich die Hand.

Luise, Reinold umarmend.

Zu viel des Glücks! — zu viel! — —
In Jubeltönen muß ich künden,

Was mich erfüllt mit seel'ger Lust:
Ein Glück so hehr, wie nur zu finden,
Im Arm der Liebe — an Deiner Brust!
Die Lüfte mögen es weiter tragen,
Es allen Erdenkindern sagen:
Ein Herz, das sich in Liebe gab
Und Treue hält bis über's Grab,
Ihm ist auf Erden schon geweiht
Des Paradieses Seligkeit!

Alle Uebrigen (mit Luise), wiederholend.

Ein Herz, das sich in Liebe gab
Und Treue hält bis über's Grab,
Ihm ist auf Erden schon geweiht
Des Paradieses Seligkeit!

Chor.

Heil! Heil! Heil! dem hohen Paar!

Wie unter Pauken- und Trompetenklängen, dem Senken der
Fähnlein, dem Schwenken der Mützen ꝛc. die Hauptpersonen eine
Wendung nach dem Eingang der Kirche machen,

fällt der Vorhang.

Ende der Oper.

———

Zeitfracht Medien GmbH
Ferdinand-Jühlke-Straße 7
99095 Erfurt, Deutschland
produktsicherheit@kolibri360.de